이팝꽃,

뽀얗게 핀 그리움

이팝꽃,

뽀얗게 핀 그리움

강귀중 시 · 산문집

책마을

서문

젊어서 처음 대구로 올 때는 돈도 벌고, 공부도 더 하리라 생각했다. 하지만 막상 와 보니 사람살이가 생각처럼 쉽지 않았다.

녹록치 않았던 시간들이 어느새 지나가 버리고, 이제 마무리를 생각할 때가 되었다.

2006년도부터 다닌 한문반의 하장수 선생님이 간간히 수업 중에 말씀하셨다.

"글을 써 보십시오. 수필도 좋고 전기도 좋고 시도 좋습니다. 짧은 글 한 줄이라도 남겨놓으면 후손들이 부모의 유품이라고 중히 여기지 않겠습니까? 써 보세요."

여러 번 듣다 보니 잊고 있던 아득한 젊은 날의 허황된 꿈이 스멀스멀 기어 나오기 시작했다. 공부해서 책을 한 권 써보고 싶다는…….

칠십 넘은 나이에 가당치 않은 일이라고 생각했지만, 하 선생님의 격려에 힘입어 혼자 적어본 글 몇 편을 보여드렸더니 칭찬을 하며 손희경 선생님을 소개해 주셨다. 그 글들을 들고 손 선생님을 찾아갔더니 "이런 걸 어떻게 가슴

속에 담아 두고 계셨어요.” 하면서 반겨주었다.

일주일에 두 번씩 열심히 공부하러 다니며, 한 작품씩 완성해 가니 참으로 재미있고 행복했다. 하지만 얼마쯤 지나니 소재도 고갈되고, 점점 더 어렵고 힘들어졌다. 마냥 재미있던 글쓰기가 갈수록 무거운 돌덩이처럼 느껴져 후회가 밀려왔다. 그 무렵, 어깨와 허리도 더 나빠져 글쓰기가 더 느려졌다. 내가 쓴 한 권의 책을 가져보고 싶다는 마음은 간절했지만, 체력도 필력도 따라주지 않아 낙담하면서 시간을 많이 보냈다.

그래도 간간히 쓴 글을 모아 이렇게 늦게라도 마무리할 수 있게 되어 다행으로 생각한다. 강산도 변한다는 십 년을 붙들고 있다가 내놓았지만 부족함이 많은 글이라 한편 부끄럽기도 하고, 완성한 것이 뿌듯하기도 하다. 더 열심히 하지 못한 아쉬움 또한 남는다.

손희경 선생님께 감사드리고, 글공부를 할 수 있게 밀어주고 컴퓨터 다루는 것까지 도와준 우리 아이들에게도 고마운 마음을 전한다.

2015년 12월 강귀중

차 례 | | | | |

2부 기억 속 풍경

차 례 | | | | |

3부 추억으로 가는 길

4부 춤 한번 춰야겠다

차 례 | | | | |

5부 다정은 병이다

6부 비 오는 봄날의 나들이

1부 각황전 뒤뜰이 나를 잡고

비 그친 상림에 들다

잠깐 비 멈춘 사이
뿌연 연무 속
칠월의 상림에 들어선다
이파리마다 뚝뚝 떨어지는 싱그러움
초목이 농염하다

뻘밭에 사는 연이라지만
오늘은 뻘밭도 면경이라
물 밑까지 숨김없이 보여주니
연잎대에 숭어리로 매달린 우렁이 알
한눈에 드러나네
홍련 백련 수련에 취해
느린 걸음으로 숲을 마셔보니
후에 내 가는 길도
저리 맑으면 좋겠네

봄맞이

이월의 다솔사는
설탕가루 눈만 내리고
북한산 제각골도
골골이 얼음이네

삼월의 금호강변 나목들 사이
빼족이 세상 여는 홍매 두 송이
반가움에 다가서는데
어느새 찬바람 뒷덜미 잡네

내 인생 봄은 어디 가야 찾을까

각황전 뒤뜰이 나를 잡고
-지리산 화엄사

단청이 없다

줄지어 늘어선 서까래
빈 벽 가득한 고요
빈 뜰 가득한 햇살까지도
쉿,
수행 중이다

까치발로 숨죽여 돌아 나오는데
발길 잡는 이것은 누구의 설법인가

앞만 보지 말고 뒤도 보거라

파시 풍경

세속이 궁금했나요
길을 잃었나요
볼모로 잡혀 왔나요

짧은 겨울 해 다 기울었는데
어디로 모실까요
포대기 둘러 업어다드릴까요

포장마차 지키는 문수동자
찢어진 신문 한 조각만
애태우며 맴도네

밀물과 썰물

산모롱이 모롱이 돌아갔더니
밀물 만나 길 밑까지 차오른 거제바다 있었네
모심으려 가둬놓은 부잣집 논 닮아
마음 가득 부푸는데
바람 심한 선착장 배 뜨지 못 한다네
꺾여 버린 외도 나들이에
마음이 썰물이네

배 시간 맞추느라 급한 마음에
이제야 눈에 띄는 선착장 동백꽃
붉디붉은 마음 어찌 접고
이리 주저앉았나
성급한 마음은 외도로 떠나고
아쉬운 몸만 남아
고개 꺾은 동백마음을 헤아려 보네

북한산에서 한숨 소릴 듣다

둘레길 저만치 외진 모퉁이
슬쩍 보이는 옷자락 잡아
털고 쓸고 살펴보니
흙 속 문인석 한 기
세월 베고 누워있다

잊혀진 지 얼마인가
온 몸 폭삭해지도록 토해낸
한숨의 의미
바람과 흙과 비와 낙엽
켜켜이 내려앉은 저 이불은 알까

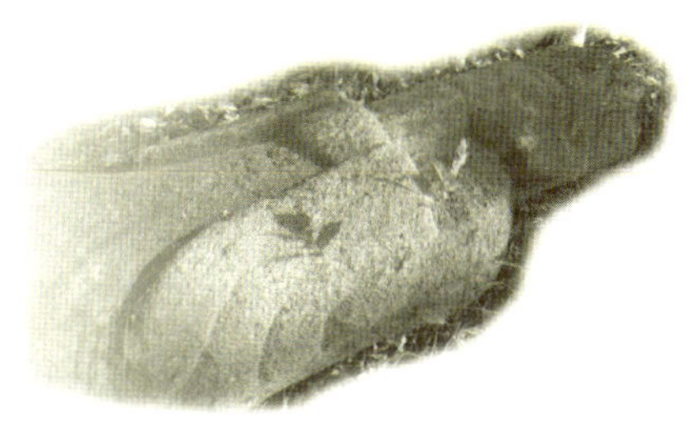

어미 손을 잡아라

이른 봄
순천만 갈대밭에 서 본다
푸르게 출렁일 땐 몰랐다
천지에 갈색 펼쳐지면
숭어리숭어리 꽃에 가려
생각도 못했다

베어낸 자리에 드문드문 솟아나는 수상한 기운, 저 기운
베지 않은 대궁이 주저앉은 사이로 드러난
시커먼 뻘,
억장 무너진 어미 속이다

지금은 역사책 한 귀퉁이에
없는 듯 숨죽이고 엎드린 여순반란사건
그 날의 어미 속이다

뻘 속에서 길 잃은 새끼들아
어미 손을 잡아라
여수바다 맑은 물에 한 생 모두 씻어내고
지장보살 인도하는 반야용선 타야지
왕생극락 해야지

망상해변

구름이 화가 나서
잿빛이 되었기로
바다까지 화가 나
거친 파도 치는구나
화난 바다 바라보는
이 마음도 잿빛이네

낙조

그 해 칠월
석양 무렵 난
보길도 가는 배 위에 있었네

언제 내려오셨나, 바다 위
서늘하게 이글거리는 저 불덩이
한순간 찬란한 융단길
내게 열어주셨네
실눈조차 거부하던 위엄 접어두고
허락하고 베푸는 법
일러 주셨네
몸 둘 바 몰라 엉거주춤
합장만 했네

그 융단길 떠올리니
절로 합장손 되네

세어보지 못한 다리

방호정에서 만휴정까지
고불고불 길안천 따라
새길 달리는데
가다 보니 다리 건너고
가다 보니 또 다리 건너고
아하, 이 길,
부처 되는 길이구나

다리, 다리, 또 다리
도대체 몇 번짼가
세어나 볼 걸
범람하는 황톳물 넋 놓고 보느라
다리 세는 건 생각도 못했네

내 삶은 황토천黃土川 몇 번이나 건넜을까

관음보살 친견기

선덕여왕 숭모제에 헌화하러 갔네
봄빛에 들뜬 발길 흥얼흥얼 모여드네
법당 앞 벚나무 넉넉웃음으로 맞아주네
그 웃음에 화답으로 눈 맞추는데
아하,

미혹한 중생이야 알거나 모르거나
벚꽃나무 관음보살 숭모전에 나투사
천의 눈으로 탐욕을 녹이고
천의 손으로 근심을 어루만지네

선무원仙舞園
– 묵호등대 아래 승경에 반하여

산에 올라도 노래가 나오고
물가에서도 노래가 나오는데
산과 물이 어우러졌구나
신명이 눈을 떴나
저 멀리 바다 위에 길이 보이네

달 밝은 밤
등대 아래 승경勝景에 빠진
용궁의 어린공주 남몰래 올라와
나풀나풀 춤을 추며
달 기우는 줄 모르다가
어렴풋 인기척에
깜짝 놀라 풍덩

어느 달 밝은 밤
내 여기 다시 와

콧날 선 버선 신고

연보라 무의에 긴 수건 갖추어

날 새도록 나풀나풀

함께 놀아 볼까나

수목원에서

이제와 포기할 순 없잖아요

가을 수목원으로 당신 찾아 나섭니다
혹시 지나칠까 차근차근 살핍니다
어디에 숨었나요
너무 멀리 있진 않겠지요
저만치 숨어서 지켜보고 있나요
내가 차분하지 못해 못 찾은 거겠지요.

빨간 단풍 잎사귀 뒤에도
노란 단풍 그늘 속에도
빨간 열매 속에도 당신은 계시겠지요
차마 떠나지 못한 푸른 수련잎엔들
당신의 숨결 없을까요

종일토록 숨바꼭질만 하다 돌아오는

내 그림자 밟으며 따라오고 계신가요

장난기 슬쩍 감춘 채

조팝꽃 아버지

산중턱 양지바른 집, 아버지
누워서도 자식 앞길 닦느라
분주하실 거라

행여 기다릴세라
주과포 갖춰 들고
허둥지둥 오르는데
아버지 조급증에 마중 오셨나

뽀얗게 핀 그리움
천지에 자욱하네

잠길

사람에게 일생 동안 허락된 잠의 양이 있다면 나에게 남아 있는 잠은 얼마나 될까 여분의 잠을 불러 모아 본다 메마른 잠 길, 쉽게 미끄러져 들지 못한다

논길인지 밭길인지 기슭을 더듬는 나는 무엇을 찾는 걸까 익숙한 흑백 필름이 천천히 돌아가고, 나는 한 마리 물고기가 된다 어디로 가야 물이 있을까 젖은 흙을 헤집어본다 비로소 흘러드는 물, 물길이 딸려 나온다 졸졸 흐르는…… 몇 개의 물길이 보태어지고, 보태지고, 마침내 유유히 흐르는 큰물, 내 잠도 유유히 지느러미를 흔들며 물길 따라 흐른다 이승에서 허락된 잠이 바닥나는 날 당황하지 말고 흐르면 된다는 암시일까, 기분 좋은 유영이다 자는 잠에 가고 싶다던 어른들 말씀을 이제야 어렴풋 알아듣는다 때가 오면 얼른 알아차려 마른땅 위에서 푸더덕 몸부림치는 일 없이 물길 따라 유유히 흐르길

2부 기억 속 풍경

외출하려고 신고 있던 덧버선을 벗고 양말로 바꿔 신으면서 보니, 엄마 덧버선이 묘하게 낡아 있다. 양짝이 모두 오른쪽 뒤꿈치만 떨어진 채.

구십구 세에 돌아가신 엄마는 팔십대 후반부터 허리와 오른쪽 무릎이 아파서 일어서는 것을 힘들어했다. 집안에서만 뭉기적뭉기적 이동을 했다. 덧버선이 오른쪽만 닳아서 떨어지니까 왼쪽과 바꿔 신어서 양쪽이 다 오른쪽만 떨어진 모양이었다. 예사로 보아왔던 덧버선을 통해 다시 아픈 엄마와 만난 것이다. 참 무심하고 고약한 딸이 아닌가…….

신선으로 사는 법

온 집안이 쑥 향으로 가득 찼다. 소나무 향, 아카시아 꽃향기를 먹고 자란 쑥의 향기가 이렇듯 집안에 가득하니 신선이 살아도 부족함이 없는 곳 아닌가. 아니 내가 바로 신선이 아닌가.

새로운 아파트 단지가 들어서는 마을 뒷동산을 조금 올라가자 소나무와 아카시아 숲 사이에 넓은 쑥밭이 펼쳐져 있다. 그대로 있어 다행이다. 그동안 적당하게 자란 뽀얀 참쑥이 다복하다.

도시에선 쑥 뜯기가 쉽지 않다. 그러다 보니 오랫동안 아예 쑥 뜯기를 잊고 살아온 터다. 얼마 전 산책을 나갔다가 쑥이 뾰족뾰족 지천으로 올라오고 있는 곳을 발견했다. 반가워서 당장 뜯고 싶었지만, 너무 어려서 조금 더 자라길 기다려 왔다. 그 짧은 기다림 속에서도 누군가 먼저 쑥을 뜯어 가버릴까 봐 조바심이 난 걸 보면 견물생심이란

말이 하나도 틀리지 않는다.

바구니 속에 챙겨 온 것들을 내려놓는다. 가지고 온 압축 스티로폼 조각을, 디디기에도 아까운 쑥 위에 놓고 앉으니 부자라도 된 양 흐뭇하다. 손바닥으로 쑥을 살짝 쓰다듬어보니 여리고 보드라운 감촉이, 어제 만나고 헤어진 친구 마냥 친근하게 느껴진다. 입에서 노래가 절로 나온다. 이 노래 저 노래 두서없이 부르는데 어느 나무에선지 뻐꾸기가 경쾌한 소리로 추임새를 넣는다. 이내 쑥 뜯기 삼매경에 빠져 쑥밭을 헤집다 보니 옛날 생각이 코앞에 다가와 앉는다.

국민학교 삼사학년 무렵이었을 게다. 동무들이 쑥 뜯으러 가자고 부르면 엄마는 애기 보라면서 못 가게 했다. 그래도 칼과 바구니를 챙겨들고 달아나곤 했다. 강변에는 쑥이 무더기 무더기로 나 있었다. 모두들 환호성을 지르며 조금이라도 더 넓은 쑥 무더기를 차지하려고 자갈밭을 뛰어다녔다. 나도 조그마한 무더기 하나 차지하고 앉았다. 다른 아이들의 바구니를 흘금흘금 넘겨다보면서 열심히 쑥을 뜯었다. 그래도 언제나 동무들의 쑥이 더 많아 보였다. 훤히 열린 강변 자갈밭에서 동무들 눈을 피해, 흐르는 물에 쑥 바구니를 담가 설렁설렁 흔들었다. 그제야 흙먼지가 떨어지고, 숨이 죽었던 쑥이 살아나면서 양이 많아보였다. 하지만 다른 아이들도 곧 따라 해서 결국은 동무들 쑥이 더 많아 보였다.

이른 봄에 나오는 어린 쑥은 된장 끓일 때 몇 이파리만 넣어도 향기가 진동을 했다. 떡을 하든 국을 끓이든 그렇게도 맛있던 쑥이 6.25와 연달은 흉년으로 한동안은 보기조차 싫어진 적이 있었다. 쑥을 넣어 끓인 멀건 죽으로 연명을 해야 했기에 질리고 물려도 어쩔 수 없이 먹어야 했다. 전후 사정을 모르는 바는 아니었으나 어린 마음이라 그랬는지 쑥은 떡이나 쑥버무리 또는 국으로만 먹으면 좋겠는데 밥 대신 먹으라 하니 고역이었다. 그런 어린 시절 향수까지 겹쳐져서 그런지 어디에서든 쑥을 만나면 그 소담스러움에 반가움이 인다.

한때는 먹을 게 없어 쑥을 먹었지만, 알고 보면 쑥 만한 보양식이 없다. 쑥은 아마도 단군 이전부터 이 땅에 있었던 모양이니 우리 민족의 오래된 식품이라고 할 수 있겠다. 우선 아무리 먹어도 탈이 없다. 햇쑥은 긴 겨울동안 수축 되었던 혈관을 확장해 혈행을 도와주고 몸을 따뜻하게 해준다. 차로 마셔도 좋고 찜질을 하거나 쑥뜸을 뜰 수도 있다. 또 삶은 물로 씻으면 땀띠나 아토피피부의 예방이나 소독에도 좋다. 뿐만 아니라 쑥뜸은 악취 제거에도 효과가 뛰어나다. 얼마나 쑥의 효과가 뛰어났으면 곰을 사람으로도 만들었겠는가. 사람에게 크게 이로운 식물이라는 반증이 아닌가. 그러고 보니 다른 산나물을 계속 먹으면 독이 올라 얼굴이 퉁퉁 붓고 누렇게 뜨며 속이 메슥거렸지만 쑥은 탈이 없었다.

스르르 시장기가 느껴지는 걸 보니 점심때가 다 된 모양이다. 신선놀음에 도끼자루 썩는다고 하지만 이 나이에야 썩을 도끼자루도 없으니 솔향기, 아카시아 꽃향기에 취해가며 쑥 뜯기에 빠져 있은들 무슨 탈이 있겠는가. 감미로운 봄바람을 반찬 삼아 준비해 온 도시락으로 행복한 요기를 한다. 어린 쑥은 다음날 또 누군가가 즐겨 뜯으라고 남겨두고 좀 큰 녀석들만 골라 뜯었는데도 큰 바구니가 터질듯이 찼다.

집에 돌아오니 어깨, 허리 무릎 안 아픈 곳이 없다. 그래도 쏟아놓은 쑥이 수북한 걸 보니 흐뭇하다. 쑥을 다듬는데 손끝보다 마음이 더 분주하다. 이 쑥으로 떡을 해서 누구랑 나누어 먹을까, 아이들은 별로 좋아하지 않으니 형제들을 불러 모을까, 친구들을 부를까, 즐거운 고민이 술렁거린다. 그러고 보니 고향 쑥떡, 쑥국이 그립다던 일본에 사는 사촌동서도 생각이 난다.

깨끗이 손질해서 넉넉히 물을 부어 삶으니 코끝으로 쑥향이 감겨온다. 내친김에 그 물로 머리를 헹구고 온몸에 끼얹으니 어느 비싼 향수보다 더 그윽하다. 종일 쪼그리고 앉았던 몸도 좀 풀리고 마음도 왠지 청정해진 것 같다. 그 사이 온 집안이 쑥 향으로 가득 찼다. 소나무 향, 아카시아 꽃향기를 먹고 자란 쑥의 향기가 이렇듯 집안에 가득하니 신선이 살아도 부족함이 없는 곳 아닌가. 아니 내가 바로 신선이 아닌가.

엄마의 덧버선

새 덧버선을 갈아 신으려다가 벗어놓은 엄마 덧버선에 내 발을 넣어본다. 영락없는 엄마 발이다… 엄마 뒤꿈치도 나처럼 갈라지고 피가 났을 것이다. 이제야 그 생각을 하다니……

딸아이가 나갔다 들어오더니 새 덧버선을 내놓으며 궁상 좀 그만 떨고 바꿔 신으란다. 신고 있는 낡고 해진 덧버선이 거슬렸나 보다.

외출했다 집에만 들어서면 갑갑해서 양말을 훌렁 벗어 던지는 버릇이 있다. 그래서인지 발이 험하다. 젊었을 때는 어른들의 갈라진 발뒤꿈치가 안 씻어서 그런 줄 알았다. 발이 아무리 깨끗해도 건조하면 갈라지고 피가 비치기도 한다는 것을 내가 나이 들어 보고서야 알았다. 갈라진 뒤꿈치가 아프다며 들여다보고 있었더니 딸아이가 얼굴을 찡그리면서 건조해서 그러니 가서 발 씻고 오라고 했다. 따뜻한 물에 담가서 촉촉해진 뒤꿈치에 찾아 놓은 약을 발라주었다. 그러고는 자주 족욕을 해서 적당히 습기를 유지하는 것이 중요하다며 약 바르고 양말을 신고 있으란다. 그래도 양말 신기는 갑갑했다. 친정엄마 돌아가신 후 유품 정리할 때 새것은 동생들이 챙겨 가져가고, 남은 것들 중 엄마의 체취가 묻은 해진 덧버선 한 켤레를 가지고 온 것이 생각났다. 양말 상자를 뒤져 찾아 신고 보니 그래도 견딜만했다.

어느 날 외출하려고 신고 있던 덧버선을 벗고 양말로 바꿔 신으면서 보니, 엄마 덧버선이 묘하게 낡아 있었다. 양짝이 모두 오른쪽 뒤꿈치만 떨어진 것이다. 다시 들고 유심히 살펴보았다. 구십구 세에 돌아가신 엄마는 팔십 대 후반부터 허리와 오른쪽 무릎이 아파서 일어서기가 힘들었다. 왼쪽 무릎은 세우고 오른쪽 다리는 안쪽으로 접어 눕혀서 앉은 채로 눕힌 다리 뒤꿈치에 힘을 주고 집안에서만 뭉기적뭉기적 이동을 했다. 오른쪽이 닳아서 떨어지니까, 왼쪽과 바꿔 신어서 양쪽이 다 오른쪽만 떨어진 모양이었다. 예사로 보아왔던, 한쪽만 떨어진 덧버선을 통해 다시 아픈 엄마와 만난 것이다. 참 무심하고 고약한 딸이 아닌가…….

엄마는 평소 아끼는 습관이 몸에 배어 주머니에 돈이 있었지만 무엇이든 떨어지도록 신고 입었다. 수시로 딸들이 새 덧버선을 사드렸지만 아끼느라 해진 걸 신어 딸들에게 성화를 듣던 엄마……. 이제 보니 나도 꼭 닮았다.

엄마는 아들이 병원에 가자고 해도 늘 늙어서 그렇다며 통 안 가려고 했다. 아마도 차멀미가 워낙 심해서 더 겁을 냈을 것이다. 한 번은 못 견디게 아파서 할 수 없이 그 힘든 차멀미를 감수하고 어렵게 병원을 갔다. 그런데 의사가 엑스레이 한 번 찍어보자는 말도 없이 노환이라서 잘 안 나을 것이라고 했다. 그 날 집에 돌아온 엄마는 화를 내며 몹시 서운해 했다.

"아픈 곳을 한 번 만져라도 주지. 삐끔 들여다보고 마는 법이 어디 있냐, 아무리 죽을 때가 다 된 늙은이라도 너무 성의 없이 보잖아."

그렇게 섭섭함을 드러내시더니 그 후로 다시는 병원에 가지 않으려고 했다.

나 역시 나이가 드니 허리와 다리가 불편해서 병원을 자주 들락거리며 엄살을 떨게 된다. 그래도 나야 시대를 잘 타고나 복지시설에서 운동도 하고, 이런저런 취미도 즐기며 세상 소리에 조금씩 귀도 열고 사니 엄마의 삶과는 비교도 안 되는 호사다. 엄마는 일어서지도 못했던 그 다리가 얼마나 아팠으며 불편했을까. 집에 갇힌 생활은 또 얼마나 갑갑했을까.

새 덧버선을 갈아 신으려다가 벗어놓은 엄마 덧버선에

다시 내 발을 넣어본다. 영락없는 엄마 발이다. 그러고 보니 엄마의 갈라진 손톱 밑을 본 기억은 나는데 발뒤꿈치는 살펴본 기억이 없다. 엄마의 뒤꿈치도 나처럼 갈라지고 피가 났을 것이다. 이제야 엄마의 뒤꿈치를 생각하다니…….

이렇게 늦되는 나에 비하면 딸아이는 참 눈치가 빠르고 다정한 편이다. 새 덧버선으로 바꿔 신으니 곁에 섰던 딸아이가 헌 덧버선을 집어 잽싸게 쓰레기통에 던져버리고는 제 방으로 들어가며 한마디 한다.

"자, 이제 이런 건 좀 버리고 삽시다."

방문이 닫히는 걸 확인하자마자 방금 딸이 버린 덧버선을 냉큼 꺼내어 스웨터 주머니에 얼른 감춘다.

엄마의 흔적이라도 오래 간직하고 싶다.

기다림의 속성

기다림이란 늘 일방적이다. 쉽게 거두어들일 수도 없는 마음이다. 기다려 본 사람이 아니고는 그 애타는 심정을 실감하기도 어렵다.

노인복지회관에서 고전무용 수업을 마치고 집에 오려는데, 같이 무용을 배우는 친구들이 선생님하고 같이 저녁이나 먹고 들어가자고 한다. 맛있게 아귀찜을 먹으면서 이런저런 수다를 즐겁게 떨다 보니 밖은 이미 많이 어두워져 있다.

집에 들어서니 막내아들이 전화기 좀 가지고 다니라며 성질을 부린다. 그러고 보니 오늘도 전화기를 두고 나갔던 모양이다. 아뿔싸, 저녁도 안 먹고 걱정하며 날 기다렸구나……. 연락도 없이 밤늦도록 안 들어오는 늙은 어미를 기다리느라 걱정깨나 한 모양이다. 미안한 마음을 웃음으로 얼버무리며 방으로 들어가는데, 오래 전 일이 떠오른다.

1995년 초겨울이었다. 막내아들이 대구에서 직장을 다니며 하양에 있는 야간 대학교엘 다녔다. 평소에는 열한 시가 조금 넘으면 집에 들어오는데 그 날은 열두 시가 넘어도 오질 않았다. 그 당시에는 휴대전화도 없고 삐삐만 있던 시절이었다. 삐삐를 아무리 쳐도 응답이 없었다. 낮에 근무하고 밤에 공부하느라 운전하면서 졸지나 않았을까. 시간이 갈수록 초조하고 별별 생각이 다 들었다. 반야월에 사는 둘째에게 전화해서 찾아보라고 할까.

안절부절못하고 조바심으로 몇 시간째 들락거리고 있는데 멀리서 차 소리가 들려왔다. 아들 녀석이 멀쩡한 모습으로 차에서 내렸다. 그 모습을 보고, 가슴을 쓸어내리며 '어딜 갔다 이제 오느냐'고 소리를 버럭 질렀다. 삐삐를 그렇게 보냈는데 왜 연락 한 번 안 했느냐고 했더니 대구에 들어와서 지하 노래방에 있었다고 했다. 늦은 밤 두 시간여의 기다림으로도 온갖 방정맞은 생각과 불안으로 고통스럽기만 한 어미 마음은 안중에도 없었다.

기다림이란 늘 일방적이다. 쉽게 거두어들일 수도 없는 마음이다. 기다려 본 사람이 아니고는 그 애타는 심정을 실감하기도 어렵다. 역정 냈던 마음도 애태웠던 마음도 순간일 뿐, 오히려 그때 아들에게 소리친 것이 미안하다. 자식이 어찌 부모 속을 다 알까. 그러고 보니 나 역시 부모 속을 태운 적이 있지 않은가.

1949년, 여학교 2학년 때였다. 5월 어느 일요일, 같은 반 친구 순례네 집에 놀러갔다. 그 집은 큰 포목점과 건어물 가게를 운영하는 부자였다. 순례와 함께 시내를 벗어나 농촌 마을까지 한참을 걸어 갯골에 있는 순례의 친척집에 갔다. 그 집에도 우리 또래가 있었다. 그 집 역시 부잣집이었는데, 놀다가 저녁때가 되어 일어나려니 어른들이 자고 내일 아침 일찍 학교 가도 된다면서 붙들었다. 집에서 기다린다는 것은 까맣게 잊고 밤이 이슥하도록 재잘거리며 놀다가 늦게야 잠이 들었다. 그때는 전화가 귀하던 시절이라 달리 연락할 방법이 없기도 했다.

이튿날 아침까지 잘 얻어먹고 서둘러 집으로 향했다. 어제 집에서 나올 때 순례네 집에 간다고는 했지만 갯골까지 간다는 말은 하지 않았기 때문에 꾸중을 들을까 봐 겁이 나기 시작했다. 등줄기에서 땀이 주르르 흘렀다. 얼른 방에 들어가 책보를 싸는데 아버지가 다가오셨다.

"어디를 가면 간다고 말을 하고 가야 집에서 안 기다리지."

그리고는 더 말씀이 없었다. 그때는 더 혼나지 않고 무사히 학교를 가게 된 것이 고맙고 더 죄송했다. 나중에 알고 보니 순례네 부모와 우리 부모가, 사라진 두 아이 때문에 뜬 눈으로 밤을 지새웠다고 했다.

그때는 사상적으로 어수선하던 때라 청소년을 둔 가정에서는 아이들 갈무리에 많은 신경을 써야 했다. 밤사이 흔적 없이 사라지는 일이 허다했기 때문이다. 아이가 사라져도, 스스로 갔는지 잡혀 갔는지 알 길 조차 없었다. 그러니 얼마나 속을 태웠을까. 사라진 두 아이 때문에 뜬 눈으로 밤 새웠던 부모의 심정을, 일흔을 훨씬 넘겨서야 아들 아이 덕에 헤아려 본다.

그리고 이제 나이를 더 먹어, 다시 노는데 정신 팔린 그 시절의 어린 아이가 되었나보다. 집에서 기다릴 자식들은 안중에 없이 노느라 저녁내내 자식들에게 걱정을 시켰다. 나이가 들면 아이가 된다더니, 역시 옛말은 틀리지 않는다.

내일은 휴대전화기부터 챙겨야겠다.

육십 년만의 해후
– 목화에게

곱고 탐스러운 목화 꽃이었지만 동시에 고단하고 슬픈 꽃이기도 했다. 아니 그래서 더 슬픈 꽃일지도 모르겠다.

참 오랜만이었다.

동대구역사 앞에 목화 꽃이라니……. 8월 중순, 활짝 핀 연분홍 연노랑 꽃을 보노라니 반가움에 눈이 다 커졌다. 꽃 중에 으뜸은 목화 꽃이라던 어머니 말씀이 퍼뜩 머리를 스쳤다. 꽃 속에서 어머니가 환하게 웃고 계셨다. 그 뒤로 목화밭과 함께 외할아버지 외할머니 외숙모가 따라서 나왔다.

소학교 시절, 외곽지로 가을소풍을 가면 더러 목화밭을 만났다. 그러면 누가 볼까 봐 살피면서 살금살금 밭고랑에 들어갔다. 꽃 진 자리에 달린 명다래 중에서도 밤톨만한 것을 골라 뚝 따서 먹어보면 달큼했다. 그 맛 때문에 아이들은 목화밭을 그냥 지나치지 못하고 주인 몰래 곧잘 명다래를 따먹었다.

소학교 이 학년 겨울방학 때였나 보나. 외가에 갔을 때 종두레미를 들고 외할아버지 뒤를 쫄랑쫄랑 따라다니며 명(목화) 땄던 기억이 새삼 어제 일인 양 떠오른다. 그 때 딴 명은 마지막으로 채 피지도 못하고 마늘쪽같이 마른 목화였다. 겨울이라 손을 호오 불면, 덧저고리 앞자락을 들고 조끼 주머니에서 밤을 꺼내셨다. 화로에 묻었다가 식을까봐 꼭꼭 싸가지고 오신 군밤 세 개 중 두 개는 나를 주시며 “따듯하다 먹어봐라.” 하셨다. 남은 한 알을 외할아버지가 잡수시고는 “맛있지?” 하며 내 얼굴을 들여다보시던 그 모습이 참 행복했던 기억으로 남아 있다.

오사리 명은 목화 대궁이가 밭에 서 있을 때 따서 따로 모아 말렸다. 그것으로 고운 아홉 세나 열세 베를 짜서 자식들 혼수품으로 준비하기도 하고, 어른들 두루마기나 외출 시에 입을 예복을 해드리기도 했다. 서리가 내리기 전에 명대를 뽑아 강변 자갈 위에 널어놓고 말리면 밭에서 채 피지 못했던 명 다래가 숭얼숭얼 다시 피기 시작했다. 그것도 먼저 딴 것은 따로 모았는데, 딸이 어려도 이다음 시집보낼 때 혼수 이불솜으로 쓰기 위한 것이었다. 일곱 세 베로 짠 것은 사랑어른 외출복이나 시어머니 외출복을 하고, 돈이 필요하면 시장에 내다 팔기도 했다. 목화 농사도 부잣집은 땅이 더 좋아서인지 수확이 많았고, 가난한 집 목화농사는 입성도 근근이 지어 입을 정도밖에 안되었다. 덜 영근 다래는 늦게 피어나 솜에 탄력이 없지만 그래도 따서 그것대로 모아 닷세 베를 짜서 마구 입는 남녀 옷을 만들어 입었다.

육이오 전쟁이 일어나 영동에서 청산 외가로 엄마와 우리 오남매를 피란을 시키고 아버지는 대구로 피란을 떠나셨다. 우리가 외가에 갔을 때 이미 외할아버지는 돌아가셨다. 서울 수복이 되고 대구로 피란 가셨던 아버지가 오셨지만 돌아갈 터전이 없어져 그 동네에서 방 하나를 빌려서 살게 되었다.

생활은 비참했다.

그 가을엔 종두래미가 아닌 큰 다래끼를 메고 외할머니랑 명을 따러 다녔다. 가을에서 겨울, 끝물까지 다 따고나면 먼저 따다 말려둔 명으로 씨앗기를 시작했다.

저녁을 먹으면 씨앗으러 외가로 갔다. 외숙모랑 씨앗이틀을 마주보고 앉아서 각자 틀 손잡이를 오른손으로 잡고 돌리면서 외숙모가 왼손으로 목화를 메기면 씨만 빠지고 내 쪽으로는 압축된 솜만 밀려나오는데 나는 그 솜을 왼손으로 빨리빨리 뜯어내야했다. 그 작업을 한참 하다보면 롤러 손잡이를 돌린 오른팔이 떨어지게 아팠다. 그래도 말 못 하고 참고 하느라 힘이 좀 빠지면 기계소리가 달라지니까 누워 계시던 외할머니가 들으시고는 힘줘서 빨리 돌리라고 독촉을 했다. 힘이 안 들어가면 기계는 솜을 물어들일 수가 없기 때문이다. 떡 방앗간 분쇄기의 축소된 롤러의 이치라고나할까. 그때 외할머니는 일흔일곱, 나는 열일곱, 외숙모는 서른셋이었고 아이가 셋이었다. 팔이 떨어지게 아파도 참고 일하다가 자던 애기가 깨서 울면 외숙모는 젖 먹이러 드러누웠다. 살았다고 생각하는 순간, 외할머니가 일어나 외숙모 자리에 다가앉으셨다. 외할머니는 힘이 약해서 기계가 잘 안돌았고 그럴수록 나보고 힘을 더 주라고 독촉 하셨다.

밤이 깊도록 일하다가 집에 가기 위해 길을 나서면 인적은 끊어졌고 싸늘한 하늘만 높았다. 별들을 바라보며 걸어가는데, 학교도 가고 싶고 친구도 보고 싶어 궁색한 서러움이 밀려왔다.

그런 생활을 보름 가까이 해서 씨를 다 앗으면, 다음은 활로 솜 타기를 했다. 외숙모가 혼자 솜을 타면 구름 같은 솜이 방에 그득해졌다. 그러면 외할머니와 나는 이삭을 잘라낸 매끄러운 수숫대로 타놓은 솜을 조금 떼어 펴놓고, 그 가운데에 수숫대를 놓고 김밥처럼 살짝 눌러 비비듯 말아서 포근한 고무호스 동강같이 만들었다. 이걸 고치라고 한다. 이 고치로 물레에서 실을 뽑아 베를 짰다. 그 생활을 만 삼 년 했으니, 전쟁 때문에 농촌생활체험을 톡톡히 한 셈이다.

곱고 탐스러운 목화 꽃이었지만 동시에 고단하고 슬픈 꽃이기도 했다. 아니 그래서 더 슬픈 꽃일지도 모르겠다.

스무 살 되던 해에 결혼하면서 도시로 나온 이후로는 팔십이 되도록 목화를 본 적이 없다. 그러다 동대구역 화단에서 목화 꽃을 만났으니 육십 년 만의 해후다. 반가움과 함께 고단 했던 시절이 아련하게 떠오른다. 전쟁으로 인한 생활의 곤궁을 피할 수 없었던 시절이니 삶의 고단함이 어찌 우리집만 겪은 일이겠는가…….

그로부터 한 달 뒤, 버스를 타고 동대구역을 지나다가 목화 생각에 무작정 내렸다. 오랜 친구의 안부가 궁금하여 그 집 앞을 그냥 지나치지 못하는 것처럼. 역사 앞에 있을 목화 쪽으로 부지런히 걸었다. 목화 다래가 드문드문 맺혀 있다.

잠깐이지만 반갑게 목화를 만나고는 버스정류장으로 되돌아와 환승을 하고 앉았다. 목화솜 피면 또 보러 올게.

여름밤의 다림질

풀해서 손질을 다 해 말린 빨래를, 해가 지면 활짝 펴서 풀밭 위에 널어놓았다. 저녁 먹고 설거지까지 끝내고 나가 보면 그 사이 밤이슬을 맞아 녹녹해진 빨래 위로 개똥벌레들이 반짝거리며 날아다녔다.

TV 사극에서 다림질하는 장면이 나왔다.

젊은 사람들은 그런가 보다 하겠지만 내 눈엔 영 어색해 보였다. 말기치마 다리미질을 하고 있었다. 보통 말기치마를 다릴 때에는 다리미를 오른손에 잡고, 오른쪽 엄지발가락은 밑단 오른쪽 끝을 눌러 밟고, 왼손으로 아랫단 한쪽 자락을 낮추어 잡고 다린다. 이때 마주 보고 잡는 다른 사람은 두 무릎을 세우고 두 손을 무릎 위에 얹어 치마의 말기 쪽을 잡고 지그시 힘주어 당겨야한다. 다림질을 하려면 다리는 방향을 아랫단 쪽에서 위의 말기 쪽으로 다리미에 힘주어 밀어 올려야 옷감의 올이 제대로 펴지기 때문이다.

그러므로 항상 옷을 다릴 때에는 잡아주는 사람이 옷의 윗부분을 잡을 수밖에 없다. 그런데 TV에서는 반대로 잡아서 어설프기 짝이 없어 보였다.

그래도 그 사극 덕에 오랜만에 빨래 다릴 때 엄마를 도와 말기를 잡았던 지난날이 떠올랐다. 옛날에는 빨아 말린 빨래를 뒤집어서 풀을 먹였다. 꾸덕꾸덕해지도록 마르면 걷어다가 이리저리 자근자근 당겨서 물기가 고루 배게 개켜 싸서 꼭꼭 밟는다. 다시 펴서 물기가 고루 밴 빨래를 또 당겨 손질해 한 번 더 밟아서 다시 솔기까지 말린다. 엄마는 이렇게 완전히 마른 빨래를 걷어다가 물을 한 그릇 떠다놓고 한입씩 머금어 마른 빨래에다 고루 품었다. 품어대는 솜씨가 얼마나 신기하던지 는개비가 내리는 듯했다. 는개비를 맞아 다시 꼽꼽해진 빨래를 또 접어 싸서 꼭꼭 밟아 놓고는 한 가지씩 뒤집어서 겉면을 다리기 시작했다.

백로가 지나면서부터는 그 과정이 좀 쉬워졌다. 풀해서 손질을 다 해 말린 빨래를, 해가 지면 활짝 펴서 풀밭 위에 널어놓았다. 저녁 먹고 설거지까지 끝내고 나가 보면 그 사이 밤이슬을 맞아 녹녹해진 빨래 위로 개똥벌레들이 반짝거리며 날아다녔다. 아이들은 개똥벌레를 잡아 오므라진 호박꽃 속에 넣어 가지고 다니며 놀았다. 빨래 걷으러 나온 나도 개똥벌레에 눈이 팔렸지만 엄마가 부르는 소리에 아쉬움을 접고 빨래를 걷어 들어갔다. 엄마는 녹은 빨래를 또 접어 한참을 밟은 후에야 다림질을 시작했다. 엄마는 다리미를 잡고 나는 다림질 보조로 빨래를 당기듯이 잡았다. 엄마가 다리미에 힘을 주어 밀어 올리면 뿌연 수증기의 화끈한 열이 얼굴로 치솟았다. 삼십 촉 백열등을 처마 끝에 내다 걸고 살평상을 뜰 앞으로 들여놓고 마당에 모깃불도 놓았지만 그래도 날은 덥고 모기는 달려들었다. 꾸벅 졸기라도 하면 아차 하는 순간 빨래 잡은 손을 놓치기 십상이다. 그러면 다리미 불을 쏟을 수도 있기 때문에 엄마는 "졸지마라, 바짝 당겨라." 하며 혼내기 일쑤였다. 한두 가지도 아니고 한 광주리나 되는 여름밤의 빨래 잡기는 정말 하기 싫은 일이었다. 그런 길고 힘든 과정을 모두 거치고서야 비로소 입을 수 있는 옷으로 재탄생했다. 옛 여인들의 애환이 어이 입성뿐이었으랴.

지금은 그렇게 많은 빨래를 다릴 일도 없고, 혼내던 엄마도 가고 없고 그 여름밤 풍경도 과거가 되었다. 어쩌다 TV 사극을 통해서나 기억이 살아나는 아득한 추억이 되어버렸다.

몬뻬 もんぺ

부끄럽다고 생각하던 여자들만의 작업복 몬뻬가 세월 따라 많이 변했다. 지금은 공사장이나 농사일 할 때도… 그뿐인가, 젊고 예쁜 연예인들이 멋 내기 소품으로도 입지 않는가. 억지로 입기 시작한 것이지만, 활용하기 나름이다.

볼만한 프로그램이 없다고 투덜거리던 아이들이 갑자기 TV 앞에서 웃는다. 돌아보니 이효리가 알록달록한 '몬뻬'를 입고 신나게 춤을 추고 있다. 몬뻬는 일할 때 입는 옷으로만 알고 있었는데 그걸 입고 화려한 무대 위에서 춤을 추니 신기하다. 하지만 춤춘들 어떠리.

어릴 때 포항에서 살았다. 일본이 대동아전쟁이라 부르던 세계태평양전쟁이 시작되자 일본은 부녀자들에게 검은 머릿수건을 쓰고 검은 몬뻬를 입으라고 강요를 했다. 몬뻬를 입지 않으면, 여러 가지 제약이 따랐다. 평생을 치마를 입고 지내던 부녀자들이 몬뻬를 입고 집 밖을 나서려니 속옷만 입은 것 같아 선뜻 나서지 못했다. 치마 위에 몬뻬를 덮어 입고 나와도 쭈뼛쭈뼛 주위를 살피며 부끄러워했다. 그래도 식량 배급을 못 받을까 봐 아무도 거부하지 못했다.

전쟁이 진행되면서 부녀자들을 여러 가지 훈련에 동원되기 시작했다. 우선 제식훈련을 받아야했다. 군사훈련이라고는 본 적이 없는 시골의 부녀자들에게 제식훈련은 낯선 일이었다. 처음 들어보는 일본어 구령소리를 못 알아들어 우왕좌왕 했다. 제식훈련이 조금 익숙해져 갈 무렵, 전쟁 공습에 대비한 소방교육 훈련을 시켰다. '몬뻬もんぺ'를 입고를 입고 그 위에 일본식 앞치마인 '마에가께まえかけ'를 갖추어 입고 '바게쓰ばけつ'를 하나씩 들고 나오라고 했다. 가상의 공습을 받은 곳에서 소방훈련을 하기 위해서였다. 부녀자들은 두 줄로 길게 서서 바게쓰에 물을 퍼서 옆사람, 옆 사람에게 전달해서 불난 곳에 물을 퍼붓고, 빈 바게쓰는 다시 뒤로 돌려 물을 푸러 보내는 연습을 했다. 그때 소방훈련을 받으면서부터 몬뻬를 입기 시작했고, 그때의 바게쓰가 바로 지금의 양동이다.

2차 대전이 막바지에 이르렀을 무렵, 우리는 아버지의 전근으로 충북 영동으로 이사를 했다. 일본의 규율이 더욱 삼엄해지면서 부녀자는 물론 모든 여학생들도 몬뻬를 입으라고 강요했고, 모든 직장 남자직원들은 물론 남학생들까지도 바짓가랑이 위에 갑반을 감고 '지까다비'(농구화 같은 신발)를 신으라고 강요했다.

그 무렵 고향인 보은에서 자라 시집도 보은으로 간 사촌언니와 고종언니가 기차 구경을 하고 싶다며, 영동 우리 집에 와서 묵은 적이 있었다. 올 때는 어떻게 왔는지 몰라도 돌아가려고 하니까 몬뻬를 안 입었다고 버스를 못 타게 했다. 하는 수 없이 도로 집으로 왔으나 집에는 엄마가 입던 몬뻬가 하나뿐인지라 한 언니만 엄마의 몬뻬를 치마 위에 입고 또 한 언니는 아버지가 대신 버스를 타러 갔다. 엄마와 남은 언니는 단속이 없는 정거장으로 먼저 나가서 기다렸다. 그 정거장에 버스가 도착하자 입고 간 몬뻬는 차안에서 벗어 아버지가 받아 쥐 채 내리고, 정거장에서 기다리던 언니가 아버지 대신 그 차를 타고 간 적도 있었다.

그러다 8.15해방이 되자 입으라고 강요하지 않아도 만주나, 38선 이북, 일본 등지에서 조국으로 돌아오는 긴 행보에 모두들 간편한 몬뻬를 입고 왔다. 6.25동란이 나면서 미 군수품들이 시장으로 새어 나오자, 검게 물들인 광목으로만 해 입던 몬뻬가 진화해서 군용 담요로 만들어 입고 따뜻하다며 은근슬쩍 자랑까지 했다. 내의가 부실하던 시기에 '담요 몬뻬'는 방한에 크게 일조한 셈이었다.

그렇게 몬뻬는 우리 생활 속에 깊숙이 파고들어 완전히

뿌리를 내렸다.

그 몬뻬를 만들어 나눠 주고 크게 인사를 들은 적이 있었다. 남편이 긴 우환으로 누워있을 때, 환자만 바라보고 있자니 너무 따분해서 이불이나 갈아 볼까 하고 서문시장 포목전에 갔다. 한 점포를 지나는데 주인이 잡았다. 나염한 다우다에 방수코팅을 해서 우산지로 납품하고 남은 천이 있는데, 이것으로 앞치마를 해 입으면 물일 할 때 옷도 안 젖고 좋다며 한 마에 천 원씩만 주고 사가라고 권했다. 집에서는 그렇게 물일을 하는 경우가 없으니 별로 필요가 없을 것 같았다. 그런데 용도를 생각해보니 시골 사는 동생에게 좋을 것 같았다. 시골에는 비도 자주 오고 이슬도 많이 내리니 밭고랑에 다니며 일하는 몬뻬를 만들면 아주 좋을 것 같았다. 육십 인치 폭에 열두 마 한끝을 만천 원에 사가지고 왔다.

몬뻬 열 장을 재단하고, 남은 조각으로는 동생 성경 가방으로 쓰라고 겹으로 예쁘게 만들었다. 우선 몬뻬 여섯 개를 만들어서 가방과 함께 시골 동생에게 보냈다. 방수천이라 이슬 내린 밭에서 일할 때 입으라고 만들었으니 동서와 시누이들과도 나누어 입으라고 전화를 했다.

며칠 후에 전화가 왔다.

"언니, 가까이 사는 셋째 동서에게 줬더니 시동생이 먼저 입고 나가 보리타작을 했는데 꺼끄러기가 하나도 안

달라붙어서 희한하다고 하면서 안 벗어준대요."

별것 아닌 물건이라 생각했는데 뜻밖의 인사에 기분이 좋았다. 시골 장터에서 파는 몬뻬는 잡티가 잘 붙는데, 내가 만들어준 것은 소여물 주거나 물 퍼다 줄 때도 좋단다. 아울러 가방에 대한 찬사까지 쏟아졌다. 동생의 말에 힘입어서 남은 것들도 마저 만들어 나와 동갑내기 사촌형제들에게도 나누어주었더니 입어보고는 이슬 밭에 다녀도 옷이 안 젖으니 신기하고, 가벼워서 좋다며 전화가 왔다. 결국 적은 돈 들이고 생색을 많이 내게 되었다.

입기 꺼려하고 부끄럽다고 생각하던 여자들만의 작업복 몬뻬가 세월 따라 많이 변했다. 오늘날에는 남자들이 공사장에서, 또는 어업 작업 할 때, 농사일 할 때 많이들 입는 편한 옷이 되었다. 어디 그뿐인가 젊고 예쁜 연예인들이 멋 내기 소품으로 입지 않는가. 처음엔 억지로 입기 시작한 것이었으나, 우리가 이용하기 나름이다.

오늘은 나도 몬뻬를 입었으니 이효리처럼 신나게 군밤타령 춤이나 한 번 춰볼까.

지난날의 흔적
– 잡동사니들

사십대가 된 아이들이 초등학교 다닐 때 만들어 입혔던 옷본까지 그대로 있었다. 다 가고 없는 줄 알았던 청춘의 한 자락이 거기에도 숨어 있었다. 언제 적 것인지도 모를 털실 나부랭이까지도…….

아이들이 침대를 사주겠단다.

사용해 본 적도 없고, 별로 필요한 것 같지도 않아 싫다고 했다. 그러자 침대가 있으면 이불을 깔고 갤 필요가 없어 편하고, 여기저기 배기는 것도 덜하고, 눕고 일어나기도 편하고 좋다고 한다. 아무래도 아침에 바닥에서 일어날 때마다 방바닥을 짚고 용을 쓰는 게 마음에 걸렸나 보다. 그래도 얼마나 쓸 지도 모르는 물건에 괜히 돈을 쓰는 것도 그렇고, 내가 가고 나면 남을 큰 짐 덩어리를 하나 더 늘리는 것이 맘이 걸려 이런저런 핑계로 싫다고 했다. 그래도 아이들이 계속 권했다. 들여놓을 데가 없다고 했더니

'방이 이렇게 큰데, 안 쓰는 것들을 버리면 되지' 한다. 결국 침대를 사기로 했다.

이참에 쓰지도 않으면서 구석구석 쌓아 놓은 것들을 몽땅 버리란다. 한 번은 정리를 해야겠다 싶던 차에 팔을 걷어붙이기로 했다. 구석구석에서 끄집어 내어놓고 보니 까마득하게 잊어버리고 있던 것들이 얼마나 많은지……. 정리하려면 며칠은 족히 걸릴 것 같았다.

월간지에 실린 요리 레시피를 오려서 모아 놓은 것들, 의료상식, 불경, 천자문, 풍수지리, 양재 책자 등 제대로 한 번 읽어 보지도 못한 책들이 수두룩하다. 왜 오려둔 건지 기억도 가물거리는 오래된 신문조각들도 몇 뭉치나 나온다. 어느 한 가지도 제대로 익히지 못했지만, 알고 싶은 욕구의 끈을 놓지 못해 지금까지 끌어안고 왔다. 문예지나 신문에 실린 콩트, 수필, 시 등을 모아 놓은 것들, 지금은 사십대 중반이 된 아이들이 초등학교 다닐 때 만들어 입혔던 옷본까지 그대로 있었다. 다 가고 없는 줄 알았던 청춘의 한 자락이 거기에도 숨어 있었다. 언제 적 것인지도 모를 털실 나부랭이까지도…….

영감은 오랫동안 투병생활을 하다 갔다. 그 바라지할 때, 아무리 환자지만 파자마 보다는 개량한복이 여러모로 좋을 것 같아 직접 만들어 입혔다. 그때 쓰던 옷본, 남은 천 조각들도 그대로 있다. 십여 년 병수발을 드는 동안 환자를 혼자 두고는 바깥출입이 어려워 집안에 갇혀 지내다시피 했다. 그냥 장롱을 뒤져서 이 옷 저 옷 꺼내어 뜯었다가 붙였다가 다른 걸로 만들기도 하며 시간을 보냈다. 구식 이불도 새로 고쳐 멀리서 찾아오는 자식들 하룻밤 잠자리라도 편하라고 준비하고 기다렸다. 지금은 길도 좋고 다들 차를 가지고 다니니 바쁘다는 핑계로 제날 되돌아간다. 이불을 정리하면서 자투리 천 한 보따리 풀어놓고 보니, 여기서도 숨어있던 세월이 자꾸 기어 나온다. 이제는 이 보따리도 아무 필요가 없고, 나도 고물에서 폐물로 가고 있다.

딸아이는 이것도 버리고 저것도 버리라며 자꾸 끄집어내고, 나는 미련이 남아 주섬주섬 다시 챙겨 주워 담는다. 한 사람은 끄집어내고, 한 사람은 도로 집어넣으니 진도가 잘 나가지를 않는다. 그래도 딸아이는 몇 상자나 되는 잡동사니들을 마치 전리품이라도 획득한 듯 뺏어가더니, 하루 종일 분류해서 버리느라 분주하게 들락거린다. 꽤 많은 물건들이 끌려 나가자 방이 훤하게 넓어졌다.

정리된 방을 찬찬히 둘러보니 아직도 남은 것들이 많다.

남편이 가고서야 비로소 바깥 생활을 시작했다.

여성회관에 등록하여 젊은 사람들 틈에서 일본어와 도자기를 배웠다. 일본어 공부를 하면서, 공부를 다시 하는 기쁨에 즐거웠고, 처음 접한 도자기에도 퐁당 빠져서 시간이 가는지 배가 고픈지도 못 느끼고 잠도 달아났다. 그렇게 재미있던 도자기 만들기도 이 년쯤 하고나니 척추협착증이 생겨 그만둬야 했다. 그뒤로는 한번도 펼쳐보지 않은 일본어 공부를 하면서 받은 유인물과 노트, 그리고 도자기를 만들면서 사용했던 연장들도 그대로 있다.

장구를 배울 때 집에서 연습해 보겠다고 장만한 장구는 제대로 소리 한 번 못 내보고, 보자기에 곱게 싸인 채 한쪽 구석에서 잠자고 있다.

한 달에 한 번씩 십 년째 따라다니고 있는 문화유적답사반에서 가는 곳마다 얻어 온 지도나 안내책자 또한 큰 박스에 넘친다. 다 욕심이고 흘러간 세월이다.

그래도 여심이 남아 있어 고운 비단 조각으론 상보를, 삼베 조각은 찜보로 만들어 젊은 사람에게 선물로 나누어 주고, 고운 모시 조각은 예쁜 조각보를 만들어보려고 모아 두었다. 이걸 언제 만들어보기나 할지……. 무슨 미련이 이리도 남아 단번에 버리지 못하고 다시 챙기며 어루만지는 것인지…….

가난하게 살아서인지 성격 탓인지 어느 것 하나도 함부로 버리지 못하고 무겁게 움켜잡고 살아왔다. 그런데 그게 바로 욕심 아니겠는가. 말은 다 살았다 다 살았다 하면서도 놓지 못한 꿈이 이리도 많은 걸 보니 아직 살아있긴 한가 보다.

쇠털 같이 많은 날이라 하지. 그 쇠털 같이 많던 날들을 어느새 다 뽑아 썼으니 이제는 미련도 흔적도 지워야겠다. 버리지 못한 것들이 어디 눈에 보이는 잡동사니뿐일까. 마음속에는 또 얼마나 많은 것들이 쌓여 있겠는가.

쌀 이야기

반찬은 필요 없었다. 오직 쌀밥 한 그릇만 있다면 맨 간장이라도 꿀맛일 텐데 그것을 한 번 먹어보지 못했다. 비가 맞추어 내려 벼농사는 잘 되었지만 소출이 적으니 논농사를 짓는 사람들도 양식이 부족했다.

"해방이 되고는 공출도 안 했는데 왜 쌀이 부족했어요?"

막내아들이 묻는다.

"해방 전에는 돈을 가지고도 사기가 힘이 들었지만 해방되고는 쌀은 있었지만 쌀값이 너무 비싸서 순 쌀밥은 생일이나 제사 때 아니면 먹기가 힘들었지."

1946년 미군정이 시작되면서 미곡시장을 개방했지만 약빠른 상인들과 지주들이 매점매석을 일삼아 그 혼란으로 쌀값이 등천을 하고 보니 쌀은 더 귀해졌다. 외국에서 동포들은 속속 들어오고 삼팔 이북에서도 남으로 내려와 호구는 점점 많아지는데 농사 방법은 제자리걸음이었고 수리 시설도 없고 오직 하늘의 비만 기다렸다. 이렇게 살기 힘든 때에 미군정은 미곡 자유시장을 한 달반 만에 폐지하고 다시 공출과 배급제도로 환원했다.

1948년, 미군정이 끝나고 대한민국정부가 수립되었다.

공출제는 폐지하고 농민에게 피해가 안될 만큼 정부가 양곡을 매입하고, 나머지는 일반농가의 자유매도를 원칙으로 했다. 시절이 조금씩 안정되자 우리집은 구멍가게를 치우고 쌀가게를 하게 되었다. 인근의 5일장을 찾아다니며 쌀을 거두어다 놓고 팔았다.

철도 규범도 좀 잡혀서 기차 지붕 위에 타고 다니는 일은 엄금을 했다. 그래도 객차는 골이 메어지게 많은 사람들이 타고 다녔다. 그중에는 여행자도 있지만 일찍 눈뜬 장사꾼들이 많았다. 장사꾼들은 뭉칫돈 전대를 허리에 차고 다녔다. 정신을 바짝 차리고 있지 않으면 소매치기 당하기 십상이었다. 그래서 기차를 타면 앉으나 서나 잠시도 긴장을 풀 수가 없었다고 한다.

경부선이 통과하는 우리 영동은, 멈췄던 기차가 기적을 울리면서 출발하고 나자마자 장사꾼들이 우르르 쏟아져 시내로 들어왔다. 쌀가게마다 먼저 들러 돈다발을 던져주며 요즘 애들 말로 찜해놓고 부리나케 다음 가게로 찜하러 달려갔다. 이때는 여자들이 남자들 보다 더 날래게

설쳤다. 거둘 수 있는 만큼 거두면 마지막 집에서부터 대두 다섯 말씩 한 가마니로 묶는데, 두 겹 새끼를 우물정자로 가뜬하게 묶었다. 돈 계산을 하고 수레꾼을 불러 차례로 거두어 싣고 기차역으로 가서 수하물로 부산으로 운반했다. 부산에서는 그 쌀들을 모아 양식이 부족한 일본으로 밀수출해서 돈을 벌었다. 그럴수록 쌀값은 치솟았다.

아버지는 전날 지방 장으로 쌀사러 가시고 안 계셨다. 아침상을 차려 들어오신 엄마가 근심어린 표정으로 말소리를 낮췄다.

"샘에 모인 여자들이 난리가 났다고 수군대더라. 다른데 가서 이런 말 당최 하지 마라."

그러면서 우리들의 입단속을 시키셨다. 학교에 갔더니 학생들도 모여서 웅성거리며 불안한 표정들이었다. 전쟁이라니, 그런 일을 직접 당해보기는 처음이라 어리둥절 반신반의했다. 수업시간이 조금 지나서 직원회의를 마친 선생님이 바쁜 걸음으로 교실에 들어오셨다.

"내일부터 방학이다."

"왜요? 언제 와요?"

"연락할 때 와."

선생님은 힘없는 대답과 함께 터무니없는 숙제를 잔뜩 내시고는 집에 가라고 했다. 1950년 6월 25일, 그날은 전쟁이 일어난 날이기도 했지만 그로인해 영동여자중학교 삼학년이었던 내 학창시절도 끝난 날이다. 집에 돌아오니 우리집 앞으로 GMC 트럭에 국군들을 가득 태운 미군들이 전방을 향해 전속력으로 달려갔다. 집 앞이 바로 경부선 국도였기 때문에 방문이 달달 떨리고 방바닥도 요란한 굉음에 진동을 했다.

전진하는 트럭에는 군인들이, 내려오는 트럭은 운 좋게 얻어 탄 피란민들이 가득했다. 그 때는 민간 트럭도 국가에 동원되어 군수품 운송에 협력했다. 차츰 걸어서 내려오는 피란민이 더 많아지고, 유엔군도 속속 들어오고 도로는 복잡했다. 군인을 실은 트럭이 잠시 길가에 멈추면 사람들을 보고 물 좀 달라고 손짓을 했다. 그것을 보고 두레박으로 가득 물을 퍼가지고 달려와 올려주려 하면 조수석에 있던 장교가 목을 쑥 빼고 출발한다고 소리치며 밖을 내다봤다. 그러면 받으려던 두레박을 안 받고 얼른 주저앉았다가 차가 슬슬 움직이기 시작하면 다시 물 좀 달라고 애타게 손짓을 했다. 들고 있던 두레박을 재빠르게 올려주면 서로 먹겠다고 실랑이하면서도 돌아가며 마시느라 한참을 가다가 빈 두레박을 던져줬고, 사람들은 뛰어가서 두레박을 주워왔다.

장대비가 쏟아져도 전선은 밤낮이 없었다. 어느 날 밤, 비는 억수같이 퍼붓는데 요란한 차 소리가 안타까워 가게 문을 열고 내다봤다. 트럭 가득 태운 군인들 중 두 명만 보초를 서고, 나머지는 총을 안은 채 앞사람 머리를 안고 자기머리는 뒷사람 가슴에 기댄 채 우의도 없이 얼굴에서부터 노다지로 비를 맞으며 어디론가 실려 가고 있었다. 십칠 세 소녀의 가슴으로 찍은 그 날 그 사진은, 육십여 년이 지난 지금도 또렷이 살아있다.

우리는 있는 쌀은 다 팔았지만 동네에서 외상으로 가져간 쌀값을 받기 위해 차일피일 피란을 미룬 채 버티고 있었다. 그 마무리를 채 하기도 전 어느 날 아버지께서 우리도 서둘러 떠나자고 하셨다. 음력 유월 초이튿날 아침, 일찌감치 방문에다 튼튼한 각목을 대어 대못을 박아놓고, 쌀밥을 한 솥 지어 베보자기에 싸고, 물기 없는 반찬 몇 가지를 챙겨 피란길에 나섰다. 우리 가족은, 맏이인 열일곱 살 나와 열한 살 된 남동생, 아홉 살 여동생, 다섯 살 여동생, 십 개월 된 남동생과 부모님 등 모두 일곱 식구였다. 피란 가던 그 뜨거운 여름날 나무그늘에서 먹은 점심 쌀밥은 우리 가족 최후의 만찬이었다.

그렇게 피란을 간 청산 외가에 우리를 남겨두고, 아버지는 혼자서 대구로 떠나셨다.

외가에서 한 달을 같이 지낼 때도 쌀은 구경도 못했다. 그러다 외가에서 보리쌀 소두 한 말을 받아서 작은 방 하나를 얻어 여섯 식구가 분가를 했다. 그 날로부터 나는 식사 담당이 되었다. 보리쌀 한 술잔을 씻어 조리에 건져 두었다가 물기가 다 빠져 바슬바슬해지면 절구에 붓고 꼭꼭

빻아서 호박잎 뜯어 넣고 보리등겨로 만든 수제비와 새끼 감자 몇 알 쪼개 넣고 죽을 끓였다. 석발 안 된 보리등겨 때문에 모래가 버적버적 씹혔지만 그냥 먹어야 했다. 밀기울, 보리등겨, 묵 해먹고 나온 도토리찌꺼기 등 먹어서 죽지 않는 것이면 무엇으로든 배를 채웠다. 엄마는 남의 밭 콩잎을 따주고 서숙을 끊어주는 등 여자가 할 수 있는 일이면 닥치는 대로 다 했다. 품삯으로도 알곡은 별로 받아본 적이 없던 것 같다.

그 해는 흉년이라 그런지 도토리가 많이 열려서 겨울 양식에 보탬이 되었다. 보릿겨 한 바가지, 감자 한 바가지도 큰 양식이었다. 고구마를 캐주고 한 바가지씩 받아오기도 했다. 인심 좋은 집에서는 고구마를 넝쿨째 주면서 잎 달린 줄기는 따서 먹고 남는 넝쿨은 소 먹여야 하니 도로 달라고 해서 그렇게 하기도 했다. 이파리 달린 줄기는 엮어서 달아놓았다가 겨울에 시래기처럼 삶아서 나물로 무쳐 먹기도 하고, 쌀뜨물 받아 된장 풀어서 국도 끓여 먹었다. 죽을 끓여도 말이 죽이지 쌀 넣은 흔적은 나물국에 오다가다 한 번씩 보이는 정도였다. 이것을 끼니로 때우려니 어린동생들은 안 먹으려고 했지만 어쩔 수가 없었다.

해방이 되고는 원조물이 많이 들어와 쌀은 부족했지만 배고픔은 몰랐는데, 육이오 전쟁 중에는 전혀 혜택이 없었다. 도시는 모르겠지만 농촌은 해마다 가뭄이 들어 흉년이니 쌀값이 천정부지로 오르고 인심마저 흉해졌다.

대구로 피란 가셨던 아버지도 대구에서 청산까지 걸어서 돌아오셨다. 아버지는 본시 약골이라 가벼운 일이나 하시지 등짐 지는 힘든 일은 하지 못했다. 아버지는 인삼 한 봉지를 사가지고 가방에 넣어 한약국에 팔러 다니셨다. 그때는 돈도 귀하고 인삼도 귀하던 시절이라 약국에서도 인삼을 한두 냥씩밖에 사지 못했다. 그것도 들르는 집마다다 사주는 것도 아니었기 때문에 먼 길을 부지런히 걸어 다녔지만 수입은 신통치 않았다.

외가 동네에서 그렇게 만 삼 년을 살다가 1953년에 고향인 보은 장안으로 이사를 갔다. 고향이라고는 하지만 별 뾰족한 수도 없었다. 그래도 큰 종산宗山이 있어서 그 땅을 갈아 콩, 조, 고구마를 심었다. 결실이 되어 수확은 되었지만 쌀밥 한 그릇 먹어보기가 소원이었다. 반찬은 필요 없었다. 오직 쌀밥 한 그릇만 있다면 맨 간장이라도 꿀맛일 텐데 그것을 한 번 먹어보지 못했다. 비가 맞추어 내려 벼농사는 잘 되었지만 소출이 적으니 논농사를 짓는 사람들도 양식이 부족했다. 저수지도, 농사 기술도, 비료도 귀하고 요사이처럼 다수확 종자도 연구되지 못해서 그렇게 고생한 것 같다. 부모님은 '고생은 했지만 식구가 모두 살아남았으니 다행이고 고맙다'고 하셨다.

지금은 먹을 게 흔해서 밥도 적게 먹는다.

하지만 지금도 나는 먹다 남은 밥이 쓰레기통으로 들어

가는 것을 보면 하나님께 죄 받지 않을까 양심에 가책을 받는다. 나뿐만 아니라 흘린 쌀 몇 알도 그냥 버리지 못하는 우리 세대 사람들이라면 대부분 쌀의 귀함을 몸으로 직접 겪었기 때문이다.

나는 고생도 많이 했지만 늦게나마 좋은 세상을 만나 자식들 효도 받으면서 좋은 음식 좋은 의복에다 매달 답사 여행도 다니고 복지 혜택으로 문화생활도 즐기는 등 호강을 한다. 그래서 생전에 흰쌀밥을 잡숫지 못하고 돌아가신 우리 시부모님만 생각하면 죄송함이 가슴에서 가셔지지 않는다. 친정 부모님은 그나마 시부모님 연세보다 오 년 낮고 구십구 세까지 사셔서 쌀밥은 잡수시고 가셨다. 지난 시절이야 온 나라가 가난했으니 어쩔 수 없는 일이었다 치더라도 조금만 더 사셨더라면 하는 아쉬움은 언제까지나 품고 살 수밖에 없다.

시대의 풍경

사람들이 돈에 눈을 돌려 장사를 하기 시작했다. 장사하러 다니느라 객차 지붕 위에까지 짐 보따리를 지고 안고 탔는데, 바람이 심하게 불면 보따리가 날아가기도 했단다.

제사에 썼던 명태포로 어떤 반찬을 만들까 하다가 보푸라기를 하기로 했다. 곱게 피워 참기름 고운소금 설탕을 넣고 보슬보슬 맛깔스럽게 무쳐 통깨를 솔솔 뿌려 간을 보는데 옛날 생각이 난다.

해방이 되자 우리집은 조그만 구멍가게를 했다. 늦은 오후가 되면 가게는 늘 바빴다. 역에서 김밥 파는 장수들이 점심장사가 끝나면, 다음날 팔 김밥 재료를 사기 위해 우리 가게로 왔다. 돈이 귀해 한꺼번에 많이 사지 못 하고, 하루치를 챙겼다. 보통 김 스무 장 또는 서른 장과 고춧가루 한 종지, 깨소금 한 종지, 북어 한 마리씩을 사가지고 갔다.

해방이 되고나니 만주나 일본, 삼팔 이북에서 살던 동포들이 속속 귀국했다. 그들은 주로 일본 사람들이 살다 떠난 적산가옥에서 거처를 했다. 학교에 들어오는 학생들도 넘쳐나 한 책상에 세 명씩 앉아야 했다. 그래도 일제강점기 때보다는 살기가 좀 훈훈해졌다.

외국에서 원조가 많이 들어오니 그렇게 귀하던 밀가루도 흔하게 먹을 수가 있어서 국수를 뽑아다 놓고 먹기도 했다. 설탕도 배급으로 나누어 주니 흔하게 먹었다. 낟알옥수수가 나와서 튀밥도 튀겨먹고 부서진 옥수수는 쌀과 섞어 밥을 지어먹기도 하면서 배고픔을 면했다. 분유를 나누어 주었는데, 무얼 만들어 먹어야할지 몰라 물 붓고 끓여 설탕을 타서 먹고는 배탈이 나서 고생한 사람도 많았다. 어떤 사람은 그조차 비위가 맞지 않아서 못 먹었다. 한번은 집집에 토란을 한 소쿠리씩 나누어 주었는데 우리나라 것보다 알이 굵어서 큰 감자만 했다. 반찬을 만들기 위해 감자 긁듯이 숟가락으로 긁고 난 후 알레르기 반응이 일어나 가려움에 고생들을 했다. 나중에서야 쌀뜨물에 담가놓고 까든지 끓는 물에 살짝 굴려서 까면 괜찮다는 것을 알았다. 감자 맛은 팍신하고 토란 맛은 쫀득했다. 그런대로 조려서 반찬을 해먹었다.

교회에서도 외국에서 보내 온 구호물자를 나누어 주었다. 나도 구세군교회에서 작은 상자를 하나 받았다. 집에 와서 풀어보니 편물로 된 모사 반소매 병아리색 티셔츠였다. 얼마나 곱고 포근하던지 아까워서 곱게 입어보고 벗어놓고 또 입어보곤 했다. 예쁜 소년 구두도 한 켤레 있었는데 발에 맞아서 남동생이 신고 다녔다. 예쁜 양말 두 켤레와 연필도 한 타스도 들어있었다. 가장 신기했던 것은 화장지다. 폭신한 지지미로 된 연분홍 연노랑 하늘색의 냅킨을 살포시 접어 담은 것을 만져보기만 해도 행복했다. 생전 처음으로 접해본 고급 종이다. 아까워서 쓰지 못하고 오랫동안 간직했다.

철도운영을 하던 일본사람이 떠나고 체계가 제대로 잡히지 않아 어수선하던 때라 차표 없이 몰래 타기도 하고, 위조로 만들어서 타기도 했다. 객차는 타기가 더욱 어려웠고, 화물칸이나 석탄 싣는 덮개 없는 열차를 구름처럼 타고 다녔다.

한동안 화려하진 못했지만 그런대로 큰 욕심 없이 살다가 원조 물자가 차츰 줄어들자 경쟁 사회가 시작되었다. 경쟁 사회가 되면서 사람들이 돈에 눈을 돌려 장사를 하기 시작했다. 그때까지도 철도운영이 개선되지 못해서 기차타기가 더 치열해졌다. 장사하러 다니느라 객차 지붕 위에까지 짐 보따리를 지고 안고 탔는데, 바람이 심하게 불면 보따리가 날아가기도 했단다. 그때는 기차가 증기힘으로 움직이던 때라 기차 굴뚝엔 시꺼먼 석탄연기가 올라와 기차랑 같이 달렸다. 그래서 객차 지붕 위에 탄 사람들은 까맣게 그을음을 덮어썼다.

부산에서는 주로 해산물과 공산품을, 대구에서는 사과와 공산품을 서울이나 대전으로 가지고 가서 팔고, 또 거기서 다른 물건을 사가지고 와서 팔았다. 김밥장수들은 우리가게에서 재료를 사다가 김밥을 만들어서 그런 사람들에게 점심으로 팔았다. 그 김밥장사로 아이들 학비나 끼니에 보탬이 좀 되었는지…….

그 김밥장수들은 주로 내 또래 아이들이 있는 엄마들이었으니 지금까지 살아 있는 사람은 없을 것 같다. 열서너살 소녀였던 내가 팔십이 되었으니 그 분들의 자녀라면 아직 살아있겠다. 그들도 나처럼 무시로 불쑥 찾아오는 옛 기억을 더듬으며 살아가고 있을까…….

3부 추억으로 가는 길

샘의 전설

북한산 제각골祭閣谷 설렁설렁 오르는데
흐린 눈에 들어와
가던 걸음 붙잡는
너는 누구냐

힘겹게 모래 몇 알씩 밀쳐내며 솟아도 샘이 되는구나. 대접만한 물자리 종지샘 말간 물에 손 담근다. 두 손 가득 고여 오는 외갓집 헛간 뒤 감나무 밑으로 한 뼘 물길 흐르고 돌멩이 서너 개로 보 막아 빵두깨비 설거지하던 계집아이 단방치마 적셔 놓고 도망가다 마을 앞 미나리꽝 슬쩍 들러도 보고, 방천 밑 국민학교 운동장 가장자리 따라 난 봇도랑으로 흘러들어 개구쟁이 물장난에 까르르 넘어가다 흙 묻은 발도 씻겨주고 교실청소도 하고 학교 연못에 들러 수련으로 피었다가, 담장 뚫고 난 수로 따라 빨래터에 들렀다는 둥 농사지으러 왔더라는 둥 물거품 같은 소문만 일어났다 꺼지더니

어느 세상 돌고 돌다
한 갑자도 훨씬 지난 오늘
머리 허연 단방치마 단박에 알아보고
느린 걸음을 잡네

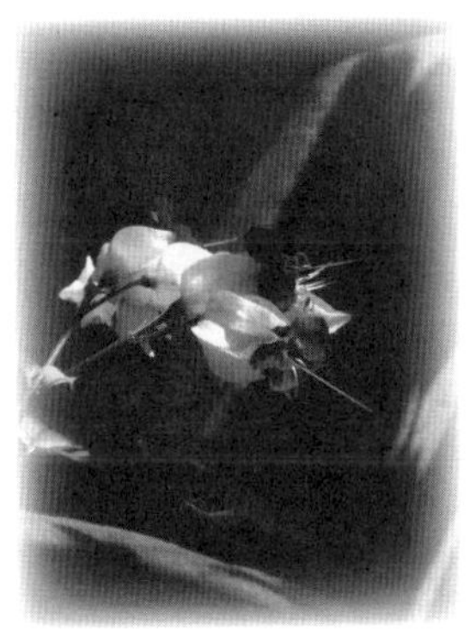

추억으로 가는 길

놀랍기도 하여라
팔순 할미 단박에
소녀로 만드네
뒷집 순복이, 네 속에 있을 줄이야
사촌동생 너도 있구나
고모 등에 붙어 있던 세살 조카
고 삼삼한 웃음도 여기 있네

고맙기도 하여라
누가 데려왔나
육십 년만의 재회
세라복 동무들과
교정 화단에 가꾸었던 백일홍이
아파트 화단으로 와
추억으로 가는 길 눈부시게 열었구나

천진하던 그 동무들
무서운 전쟁 겪고
부모 남편 자식 수발로
나와 같이 빈 껍질 되었겠지
그 시절을 그리겠지
어디서든 백일홍 있거들랑
소녀 되어 만나자
추억으로 길 떠나자

국화주

병병이 국화주 채우네
당신을 생각하네

어느 해인가
감국 한 아름 꺾어다가
먼 산 보는 척
토라진 내게 안겨주던 당신

할 수만 있다면 아껴두었다가
당신 곁에 가는 날
그 날의 향기 떠올리며
잔 채우고 싶네

이보소,
차라리 오늘 밤
꿈길 밟아 내게로 오소

꽃으로 오신 어머님

예전엔 필 생각도 없더니
올 음력 이월 이십육일
어머님 오시는 날인 줄 알아
주방 창문 밖 응달에 선
하얀 살구꽃 아낌없이 만개했네

꽃 좋아하시는 어머님
살구꽃 가지 사이로
제수준비에 바쁜 주방 들여다보시네
네가 참 애 쓰는구나,

살구꽃 어머님
오늘은 환한 꽃으로 오셨구나

물방울 편지

잠 덜 깬 눈으로
조반 준비하려는데
당신이 다녀갔나
창 너머 살구꽃이 눈부시네
차마 깨우지 못하고
다녀갔단 흔적만 물방울로 걸어놓고
다시 오마 약속도 없이 떠나버렸네
전하지 못한 말 얼마나 많았으면
하얀 봉오리 봉오리마다
당신의 속말 저리도 매달렸나

씀바귀나물

지천으로 널렸다고
천하다 할 순 없지
흰 피로 언 땅 지켜
인내로 갈무리한 쓴맛
갖은 양념에
조물조물 무쳐
할아버지 진짓상에 올렸더니
'외가 지체만 낮아도 못 먹는 귀한 나물'이라
반겨 칭찬하시더라

호박넝쿨과 어머니

김매고 들어온 어머니, 기진맥진하시다
식은 밥 한 덩이에 두어 가지 푸성귀가 전부인 점심상
물리기 바쁘게 가물가물
잠 속으로 빠진다

세찬 소나기 한줄기 지나가고
부스스 눈 뜬 어머니
날궂이 했나, 비 오려고 그리 골탕 뺐구나

텅 빈 집안
날궂이로 기는지
짚고 일어나는지
선잠 깬 어머니 눈
사립문을 서성거리는데
남상 위 호박넝쿨은 근심반 늘어가네

어머니 떠나시니

어머니 가신 지
두 주일이 지났네
어디 가셨는지
기다리는 이 없고
언제 오시나
물어 보는 이 없고
물어 볼 곳 없네
어머니, 생전에 잡지 못한 죄
한없이 시려오네

어머니의 신神

모자만 사는 집에 밥그릇은 셋이다
통지는 받았지만 믿을 수 없다
오늘도 아버지 밥 먼저 떠 덮어놓는다

저녁마다 큼직한 남자고무신 챙겨
댓돌에 올려놓고
우리 모자 지켜 달라
평생을 빌었지

밤마다 아버지 청했겠지
꿈에라도 한 번 만나나 보셨을까
이젠 팔십 넘어
속앓이조차 늙은 어머니

가슴속 신이 된
삼 년도 못 산 젊은 신랑

현충원 참례 갈 준비에

설레듯 바쁜

어머니 오늘 따라 단장이 곱다

찔레꽃 어머니

부모님 산소 가는 길
하얀 찔레꽃 지천으로 피어 있네,
이러다가 보리도 못 다 익고 겉마르겠네
찔레꽃 흐드러지게 피는 해는
가뭄 든다던
어머니 한숨 소리 저만치 들리네

소박한 꽃 아래
어지럽게 헝클어진 가시덤불 일생
고와서 더 슬픈
찔레꽃, 어머니

아버님 전상서

제사 상 차려 놓고
옷 갈아입고 버선 신는데
질부가 묻더군요
"큰어머님도 참례 하실라고예?"
"그래야지, 할아버지 오셔서
'큰 젊으이 어디 있노' 찾으실 건데."

해변으로 여행가면
아버님 생각이 나
덕장에 들러 가오리 민어 사놓고
오실 날 기다립니다

아버님 가신 지 어제 같지만 사십 년도 더 지났습니다
이제 제 나이 그때 아버님 보다 훨씬 더 들었지만
그래도 아버님 앞이라 생각하면
젊은 며느리가 됩니다

수채화 속 빨간 우산

연록의 수채화 속 촉촉한 숲길 따라
희뿌연 안개비 헤치고 들어간다

라일락 아카시아 이팝 찔레
숨 막히는 하얀 향기 풀무질해대고
감미로운 어지러움 사이로 언뜻 보이는
빨간 우산 하나
보일 듯 사라지는
내 청춘의 뒤태

한순간 정체 모를 조바심이 일어나고
안개가 술렁이지만
모롱이만 돌아가도 이내 잊어버릴, 그까짓,
우산 하나

그래도 그리움은

선명하다

뚝배기 된장과 어머니

옹기전 돌아보다 뚝배기 앞을 지나는데
코끝에서 일어나는 난데없는 냄새

삭정이로 밥 끓이다
잔불로 뜸들일 때면
부삽으로 다독인 아궁이 속
된장 뚝배기 서너 개 올라간다
부지깽이 숨골에도 살아나는 속정
바그르르 뚝배기 끓어오른다

한 번도 된장 풀어 본 적 없는
진열대 위의 뚝배기
그대로 어머니 된장 냄새가 난다
한 생을 끓여온 깊고 깊은

12월의 토끼풀

양지쪽 따습다고 봄인 줄 알았나
토끼풀 무리무리 지천으로 피네

포플린 많이 짜던 시절
남 앞선 기술로
시시오리 많이도 짜냈지만
때 이른 개화로
봄 문턱에서 주저앉던 내 영감 닮았구나

때가 아니니 지금은 엎드려라
뿌리라도 성하도록
버티고 버텨라

난데없이

설거지하는데 난데없이 새어나오는 노래
익숙한 듯 가물거리는
기억 속 낡은 보따리
눈앞에 펼쳐진다

이 땅에 밤이 가고 먼동이 트니
스승 아래 무럭무럭 자라는 우리
이때다 배우자 용머리 들어
새 역사 등에 지세 이천의 동무야

뜬 눈에도 꿈을 꾸나
환한 운동장 보이고
교장선생님 훈화 길게 이어지고
지루한 아이들 뒤틀다가도
교가 부를 때 되니
소리도 우렁차네

어딜 갔나
우렁찬 기세,
한세상 쩡쩡 울리다가
이젠 누구의 할배 할매 되어
추억 속 그 시절을 더듬는가

가슴 벅찬 그날의 기운
다시 만날 길 없는데
흥얼흥얼 이 노래는 잊히지도 않는구나

4부 춤 한 번 춰야겠다

동생은 형제들을 기다리면서 낡은 트럼펫을 닦고 또 닦았다. 그 모양새가 너무 애틋했다. 생각 끝에 두 여동생을 불러 나이 더 들기 전에 우리 셋이서 새 트럼펫 하나 선물하자고 했다. 여동생들도 흔쾌히 동의했다. 다음 해 어머니 생신 때, 동생 손에는 번쩍이는 트럼펫이 들려 있었다. 그 트럼펫으로 어머니께 찬송을 들려드리기도 하고 우리들에게 가곡을 들려주기도 했다. '새로 산' 것이란다. 반가운 마음에 만져보려 하니, 비록 중고지만 가지고 있던 비자금 오십만 원까지 보태서 산 '바하 37' 명품이라며 보물이나 되는 것처럼 어루만졌다.

트럼펫 가방은 그렇게 잠시도 동생과 떨어지지 않았다.

춤 한 번 춰야겠다
– 팔십에 펼치는 재롱잔치

아침 호수에 물안개가 일듯 잔잔하게 움직이다가 때로는 작은 회오리처럼 살짝 감아 돌아간다. 음악에 빠지는지 몸짓에 빠지는지, 정성 어린 시선으로 내 몸짓에 집중을 한다.

할머니들이 빨강 파랑 고운 무용치마를 입고 줄을 선다. 오디오에서 나오는 구성진 아리랑 가락에 맞추어 춤을 춘다. 좀 어눌하고 둔한 몸짓이지만 그래도 정성을 다해 열심이다. 선생님은 목이 터져라 박자를 짚어가며 팔십여 명이나 되는 할머니 학생들을 지도한다. 아침 호수에 물안개가 일듯 잔잔하게 움직이다가 때로는 작은 회오리처럼 살짝 감아 돌아간다. 음악에 빠지는지 몸짓에 빠지는지, 정성 어린 시선으로 몸짓에 집중을 한다.

우환 중이던 남편이 세상을 떠나고 집안일에서도 해방

이 되어서야 바깥세상을 구경했다. 그렇게 일흔의 나이에 여성회관의 일본어, 도자기와 함께 노인복지회관에서 고전 무용을 처음으로 배우기 시작했다. 운동 삼아 배우기 시작한 고전 무용이지만 새로운 것을 배우는 즐거움으로 정말 열심히 다녔다. 학교에 가듯 빼먹지 않고 열심히 배우러 다니다 보니 푹 빠져서 벌써 십 년째다. 그 동안 입춤, 민요춤, 장구춤, 부채춤, 살풀이춤, 소고춤, 화관무 등등 많이도 배웠다. 사설무용학원에서 배웠다면 그 비용은 상상하기 힘든 부담이 되었을 것이다.

그런데 나름대로 열심히 하고 있는데도 아직 자연스럽게 동작이 잘 안 이어진다. 노래가사 잊어버리듯 중간에 한 번씩 동작을 잊어버려 안 보는 척 슬쩍 커닝을 한다. 어렵지만 그래도 재미가 있다. 젊었을 때는 이렇게 좋은 세상을 만나 여름이면 시원하게 냉방이 되고, 겨울이면 뜨뜻한 난방이 되는 시설이 좋은 곳에서 무용까지 배우게 될 줄 상상도 못했다.

십 년 동안 무용반의 모습도 많이 변했다.

그때 같이 배우던 사람들 중에 보이지 않는 이들도 많고, 새로 들어온 사람은 더 많다. 처음 무용 배우러 갔을 때는 무용 치마와 슈즈를 갖춘 사람이 몇 명 안 되었는데 지금은 모두 갖춰 입었다. 무용치마를 사려면 이만 원에서 사만 원을 주어야 했다. 하지만 직접 만들면 오륙천 원의 비용으로 파는 물건보다 더 예쁘게 만드는 게 가능할 것 같았다. 그래서 저것쯤이야 하는 마음으로 빨강, 파랑, 검정 등 여러 개의 치마를 만들어 친한 사람들에게 나누어 주기도 했다. 치마를 만들면서 각시인형 옷 만드는 소녀의 마음이 되어 골몰에 빠져본 것 또한 추억이다. 그럴 때면 아버지 생각도 났다. 만약 소싯적에 춤을 배우러 간다고 했다면 당장 나가라고 쫓아내지 않았을까 싶어 혼자 열적은 웃음을 지어보기도 했다. 하지만 성인도 세속을 따르랬다고 지금은 부모님이 살아 계신다 해도 이해해 주시지 않을까. 팔십 나이에 무슨 가당찮은 재롱이냐 하겠으나 자꾸만 부모님 앞에서 춤 한 번 보여드리고 싶어진다.

십 년이 한결 같은 것도 있다.

막내딸 같은 예쁜 선생님은 넓은 강당에서 이리저리 뛰어다니며 혼신의 힘을 다해 가르친다. 정말 금전을 떠나 봉사정신이 투철하지 않으면 감당하기 어려운 일인 것 같다. 처음 온 사람은 한두 달하고 어려워서 도저히 못하겠다고 갈등하는 경우가 많다. 하고는 싶은데 잘되지 않아서 관둬야 할 것 같다고 하소연을 하면, 처음엔 다 그러니까 이 고비만 잘 견뎌보라고 일러준다. 처음엔 지나내나 다 그렇게 배웠으니까. 그건 십 년 전이나 지금이나 똑같은 모습이다.

오래 해도 잘 안 되는 사람이 있는가 하면, 더 빨리 익히는 사람도 있다. 틀린 줄도 모르고 남의 자리에 가서 열심히 춤을 추다가 뒤늦게 틀린 줄 알고는 무안해서 후다닥 제자리를 찾아가기도 한다. 선생님을 따라 학이 날개를 펴듯, 비상하기 전 성큼성큼 물위를 걷듯 사뿐사뿐 걷는다. 하지만 그것은 마음일 뿐 우리는 물오리처럼 뒤뚱거리며 어정쩡하게 선생님의 춤사위를 흉내 낸다. 잘 안되니 화도 나고 하기 싫어지기도 한다. 그러다 선생님이 다음 동작을 보여주면 우리는 또다시 홀라당 반해서 아이들처럼 빨리 배우고 싶다고 보챈다.

"부끄러워하지 말고 결석만 안하면 다 하게 되어 있으니 열심히 오시면 됩니다."

선생님은 항상 그렇게 말한다. 왜 이렇게도 안 되는지 부끄럽다고 하면 선생님은 또 이렇게 답한다.

"잘 하면 왜 배우러 오겠습니까."

그 격려에 힘입어 선생님이 늘 강조하는 대로 천정에서 정수리를 당기듯이, 목도 펴고 등줄기도 펴고 엉덩이도 바짝 당겨 올리고 자세를 바로 세운다. 그러면 자연히 다리도 쭉 펴져서 몸 바로 세우기에 효과도 있고 키도 커진다고 한다. 평소 십일자로 걷던 걸음이지만, 스텝연습을 시작할 때면 몸을 바로 세우고, 오른발 뒤꿈치를 왼쪽 엄지발가락 앞으로 디디는 일자 걸음으로 바뀐다. 찰떡을 밟은 것처럼 쫀득하고 조심스런 일자 걸음을 거만하게, 자신감 있게, 이 땅은 내 땅이라며 당당하게, 내가 제일 잘났다고 뽐내며 걷는다. 때론 솔개가 먹이를 노리는 날카로운 시선으로, 때로는 다소곳이, 때론 개화의 생동감에 신명나는 몸짓으로, 환하게 웃으며, 살포시, 가벼운 동작을 만들어 간다.

이제 본격적으로 민요 춤으로 들어간다. 사설을 얹어가며 긴 아리랑으로 시작해서 삼절이 끝나면 흥겨운 양산도 가락으로 슬쩍 넘어간다. 선생님은 노랫가락에 무용 동작을 실어 외친다.

에헤에이이요 왼쪽으로 갈까요, 안 갈래요, 오른쪽으로 갈까요, 안 갈래요, 왼쪽으로 돌아 돌아서 손 뒤집어놓고 가자가자……

연풍대로 들어간다.

왼발 놓고 앞사람 따라 왼손 오른손 들고 만세, 발 들어 돌아놓고 만세, 발 들어 돌아놓고 해 뜨고 해 뜨고 총총걸음으로……

어느새 굿거리 태평가로 바뀐다.

섰다 굴신 섰다 굴신 섰다가 쫀닥쿵, 뻗

어서 올라요, 올랐다가 앉아요, 하나둘에 차렷, 세엣 넷에 굴신……. 섰다가 숨 빼고, 요거는 내 꺼다, 요거는 내 꺼다, 요거 줄까 얼-쑤,

삼절까지 하고 나서 마지막으로

펴서 내꺼다, 펴서 내꺼다……

신명나는 자진모리 군밤타령으로 마무리한다. 노랫말을 개사해서 우리가 동작을 쉽게 따라할 수 있도록 불러주는 선생님의 재미난 사설에 신명이 더욱 고조된다.

"우리 어머니들이니까 이렇게 잘하지 밖의 다른 어머니들은 절대로 이렇게 잘 못합니다."

언제나 그러하듯 선생님이 비행기를 태우며 추켜세우면 강당은 한바탕 박수와 웃음이 터진다. 한 시간 이십 분의 수업을 마치고 나면 할머니들의 얼굴에 화색이 돈다. 집에 들어 앉아 있기보다 얼마나 잘한 일인가.

"지금 화 한 번 내보세요. 운동하고 나서 기분 좋은 이런 상태에서는 화를 내려고 해도 안 나요."

선생님 또한 생기가 넘친다. 이 얼마나 고마운 일인가. 한 세대 아래의 젊은 선생이, 우리들 노년의 삶을 건강히 고 활기차게 이끌어주면서 자신의 삶도 함께 생기에 차 있으니 …….

마치고 집으로 돌아오는 길, 땀과 생기와 화색이 도는 가운데 문득 가슴이 저릿하도록 부모님 생각이 난다. 역사의 회오리 한가운데서 살아오신 부모님, 이런 호사 한 번 누리지 못한 힘들고 고달프기만 했던 그 분들의 생애……. 젊은 선생이 전해준 이 활기를 나도 한 세대 위의 부모님께 선물하고 싶다. 작은 위안이라도 될 수 있게.

언제 한 번 성묘 가서 살풀이춤 한 번 춰야겠다. 친정아버지는 그냥 손뼉 치며 웃으실 것 같고, 신명 많으신 시아버님은 아예 일어서서 더덩실 같이 춤을 추실지도 모르겠다.

그리움으로 차린 밥상 

맛난 음식을 앞에 두면 그리워지는 이가 있다. 호박잎만 보면 내 생각이 난다는 동생의 말이 남아 괜스레 코끝이 시큰거린다. 아둔한 나는 이제야 깨닫는데, 열두 살 아래인 동생은 호박잎 쌈에도 이 형이 생각난단다.

머리까지 어질어질해지는 중복 더위다. 시골 사는 동생에게서 전화가 왔다. 언제나 부지런하고 싹싹한 셋째다.

"언니 우리집엔 요사이 식구가 늘었어요. 송아지를 하루 건너 한 마리씩 두 마리 낳았는데 너무 예뻐요."

높은 톤의 목소리로 자랑이 부산하다. 어느새 내 눈 앞에도 예쁜 송아지가 어른거린다. 내 마음도 부자가 된 양 흡족하다.

"그런데 언니, 올해는 이상하게 호박은 안 열고 호박잎만 무성해요."

그럴 때는 아궁이에 불을 땐 재를 한 삽씩 호박구덩이에 넣어주면 잘 연다는 말을 들었다고 했더니 그렇게 해봐야지 한다. 끼니때마다 호박잎을 쪄먹어도 무진장 맛있다며 호박잎 먹을 때는 좋아할 언니생각이 난다고 한다. 고마운 말이다. 이 무더위에 들에 일을 하러다니는 동생이 걱정인데, 도리어 집에서 놀고먹는 내 안부를 염려한다. 그래서 들에 다닐 때엔 물병에 식초, 소금, 설탕을 조금씩 넣어 운동선수들이 마시는 음료수처럼 마시기 좋을 농도로 배합해 차게 해서 들고 다니라 당부하고 전화를 끊는다. 순서도 없고 중요할 것도 없는 일상 대화지만 전화 한 통으로 지쳐 있던 심신이 회복된다.

지난 5월 삼형제가 모여 부모님 산소에 성묘 갔다가 동생 집에서 하룻밤을 잤다. 이른 아침에 동생이 저 혼자만 알고 있는 가까운 산으로 고사리 꺾으러 가자고 했다. 난생 처음으로 해본 채미다. 애기 주먹같이 생긴 예쁜 고사리가 쑤욱 올라 온 것이 신기했다. 고사리 꺾는 재미에 아픈 다리도 허리도 다 잊어버렸다. 한 개라도 더 꺾고 싶은 욕심에 눈에 힘을 주고 이슬에 젖은 풀 사이를 헤치고 다니지만, 내가 지나온 자리에서 둘째는 고사리를 곧잘 찾아낸다. 그 녀석이 왜 내 눈에는 뜨이지 않았는지. 세상 모든 것은 임자가 따로 있고 인연이 따로 있나 보다.

그렇게 두어 시간 채미한 것을 들고 내려왔다. 물을 끓여 먼저 고사리 꺾을 때 함께 꺾어온 두릅을 골라내서 데

쳤다. 살평상에 걸터앉아 데친 두릅을 초고추장에 찍어 먹으니 맛이 기가 막혔다. 아침 일찍 맑은 공기를 마시며 산속을 헤맸으니 뭔들 맛이 없겠냐마는 금방 꺾은 싱싱한 두릅은 시장에서 산 두릅에 비할 바가 아니었다.

어릴 적 얘기로 서로 쳐다보고 웃어가며 두릅시식을 끝내고 주섬주섬 출발준비를 했다. 그러자 그냥 보내기 아쉬웠는지 제부가 잠깐만 기다리라고 잡았다. 그 마을에 머위가 많다며 낫을 들고 나가더니 금방 머윗대를 한 포대 베어 왔다. 부피도 줄일 겸 아예 데쳐 껍질을 벗겨서 가져가란다. 다시 삼형제는 둘러앉아 데친 머윗대의 껍질을 벗기며 시간 가는 줄 모르고 수다를 떨었다. 그 사이 제부는 집 앞 실개천 맑은 물에서 미나리까지 잔뜩 베어 와서 가져가라고 내민다. 도시에도 얼마든지 흔하게 있는, 그냥 돈 주고 사면 되는 것이지만, 가져가라고 동생이 보따리 보따리 싸줬다. 돈을 준들 이렇게 싱싱하고 향기로운 나물들을 어디서 살 수 있으랴. 게다가 동생의 마음을 생각하면 더 큰 선물이다. 배낭에 차곡차곡 넣어 짊어지고 동생네를 나섰다. 꼭 친정나들이에 엄마가 뭘 챙겨주는 것 같다.

불룩한 배낭을 메고 집에 들어서니 아이들이 빼앗듯이

받아 들어보고는 화를 벌컥 낸다.

"엄마, 이렇게 무거운 걸 메고 다니면 어떡해. 몸 생각하셔야지. 이러다 넘어져 다치기라도 하면 큰일나요."

욕심이 나서 주는 대로 가져오면서도, 아이들이 환영하지 않으리라는 예상은 했다. 아이들이 그러거나 말거나 잔소리를 무시하고, 보따리를 풀어놓으니 푸짐하고 뿌듯한 게 기분이 좋다.

고사리는 시아버님 제사 때 쓰려고 널어 말리고, 미나리는 냉장고에 넣어 잘 갈무리를 했다. 머위는 덜어서 같이 얻어 온 들깨가루를 넣고 볶았다. 아이들은 들깨와 이런 나물들을 싫어한다. 먹고 싶으면 시장에서 사다 줄 테니, 다음부터는 이렇게 보따리를 지고 다니지 말라고 뒤에 서서 내내 잔소리다. 못 들은 척하고 신나게 머위를 볶아서 혼자 먹었다.

아이들은 짐이 무거운 것만 알고 저희 이모가 이걸 챙겨준 마음이나 이걸 지고 온 내 마음은 모른다. 한동안 그것으로 때를 삼았다. 맛이 참 좋았다. 예전에 어머님께 머윗대가 맛있다는 말씀을 들었지만 먹어보는 것은 처음이었다. 비싼 것도 아닌데 왜 그리 쉽지 않던지……. 나이가 들어갈수록 요즘 음식들보다 이런 옛 음식들이 더 당긴다.

늙어서 이제 먹어 보니 노인들에게 딱 맞는 음식이다. 맛도 있고 씹기에 부담도 적다. 중풍으로 음식을 씹기 힘들어 하시던 시어머님이 계셨을 때, 머위를 이렇게 부드럽게 볶아 드렸더라면 얼마나 반겨 드셨을까. 왜 그때는 알지 못했을까. 어머님은 그 맛을 아시면서 해달라는 말씀을 왜 한 번도 안하셨을까. 생각할수록 죄송한 마음이 든다.

"어머님, 그리 비싸지도 않은 것을 한 번도 못해드리고 저만 이렇게 먹어 죄송합니다."

몇 번이고 되뇐다.

맛난 음식을 앞에 두면 그리워지는 이가 있다.

호박잎만 보면 내 생각이 난다는 동생의 말이 남아 괜스레 코끝이 시큰거린다. 아둔한 나는 수십 년 지나서 이제야 깨닫는데, 열두 살 아래인 동생은 호박잎 쌈에도 이형이 생각난단다. 팔십 다 되어서야 처음으로 머위나물을 먹어보고, 사십 년 전에 돌아가신 시어머님이 또다시 그리워진다.

트럼펫

낡고 볼품없던 트럼펫이 동생의 손에서 빛이 나기 시작했다. 동생은 보기에는 허름해 보여도 소리가 기가 막힌다면서 '동무생각'을 들려주었다. 예전부터 노래를 잘 하는 줄은 알고 있었지만, 어떻게 배웠는지 트럼펫 연주 솜씨도 일품이었다.

환자보다 먼저 트럼펫이 눈에 띈다. 주인 곁에 비스듬히 기댄 트럼펫에 반짝 슬픔이 스친다.

동생은 정기건강검진에서 위암이 의심된다고 하여 정밀검사를 받았다. 평소 술 담배도 안하고 건강했는데 뜻밖에도 위암3기라며 서두르라고 했다. 다급해진 가족들이 급히 병원을 수소문했지만 수술 예약이 밀린 통에 쉽지 않았다. 간신히 경희의료원에서 수술을 받을 수 있었다. 뒤늦게 연락 받고 달려갔을 때는 이미 수술을 받은 후였다. 그 와중에도 동생은 링거를 꽂은 채 한손으로 트럼펫을 만지작거리고 있었다. 회진 의사는 수술이 잘 되었으니 관리만 잘하면 된다며 우리를 안심시켜 주었다. 그래도 나는 감정이 격해져 할 말을 잃고 말았다.

"너무 걱정하지 마세요."

동생은 오히려 어쩔 줄 몰라 하는 이 누이를 안심시키려 했다.

"동생은 간절한 믿음이 있으니 기도 열심히 하고 조바심 갖지 말고 편안한 마음으로 지내……. 또 올게."

겨우 그 말을 하고 병실을 나오니 밖은 환했다. 11월이라 해도 햇살이 제법 따사로웠다. 그래도 축 늘어진 내 심신은 진눈깨비를 맞으며 걷는 기분이었다. '주여, 당신의 어진 어린 양을 구해주소서' 마음속으로 기도를 끊임없이 올리며 걸었다. 눈물이 자꾸만 흘렀다.

동생은 부모님이 서른셋에 얻은 첫 아들이다. 단칸방에 살 때 우리 남매는, 밤이 긴 겨울이면 새벽 일찍 깨어나 이불속에서 소곤거리며 얘기 나누길 좋아했다. 그러다 노래를 부르기도 했다. 처음엔 작은 소리로 시작한 노래가 합창이 되고, 점점 소리가 커져 시끄럽다고 혼나기 일쑤였다. 그러면 이불 속으로 쏙 들어가 조용히 있다가 이내 또 소곤거리고 혼나기를 반복하곤 했다. 동생은 정말 음악을 좋아하던 조용하고 착한 아이였다.

여유가 없는 가정형편으로 간신히 학교는 다녔지만 음

악을 한다는 건 꿈도 꿀 수 없었다. 그러다 6.25동란으로 인해 생활이 더 곤란해지자 동생은 중학교 진학을 할 수 없게 되었다. 부모님은 항상 큰 아들 공부를 시켜주지 못함을 안타깝고 미안해하셨다. 진학을 포기한 동생은 시골에서 병아리도 키워 보고 뽕나무를 심어 양잠도 해봤지만 잘되지 않았다. 결국 운전면허증을 따서 큰 회사 사장의 운전기사로 취직을 해 서울생활을 시작했다. 그리고는 그 시절 가난한 집의 가장들이 다 그러했듯이 동생 역시 가족들을 위해 성실하고 고단한 삶을 살았다.

정년을 앞둔 어느 해, 낯선 낡은 트럼펫을 들고 와 만지작거리는 것을 보았다. 어릴 때 부잣집 친구가 트럼펫 가진 것을 그렇게 부러워하더니 풍물시장 구경 갔다가 오만 원 주고 샀다고 했다. 깨끗하게 때우고 닦았다고 하지만 한눈에도 너무 낡아 보였다. 그것이 동생과 트럼펫 인연의 시작이었다. 그 이후 낡고 볼품없던 트럼펫이 동생의 손에서 빛이 나기 시작했다. 동생은 보기에는 허름해 보여도 소리가 기가 막힌다면서 '동무생각'을 들려주었다. 예전부터 노래를 잘하는 줄은 알고 있었지만, 어떻게 배웠는지 트럼펫 연주 솜씨도 일품이었다.

군대에 가기 전 시골에서 살 때, 오동나무판을 사다가 기타를 직접 만들어 치기도 한 동생이니 음악공부를 얼마나 하고 싶었겠는가! 교회성가대에서는 테너를 맡았고 종종 음악 콩쿠르에 나가 상도 탔다. 그래도 없는 집에서 음악을 하겠다고 덤벙이질 않아서 다행이었다. 군복무 중 맹장수술로 군 통합병원에 입원한 적이 있었는데 마침 위문 공연단이 와서 환자들에게 장기자랑의 기회를 준 적이 있었다. 그때도 환자복을 입은 채 노래를 불러 일등상으로 포상휴가를 나왔다. 그리고 그 포상휴가 중에 부산방송국 콩쿠르에 나가 상을 탔던 동생이다.

동생은 그 후로도 틈틈이 강남문화센터 등에서 계속 배우고 익히더니 실력이 나날이 늘어갔다. 특히 클래식과 찬송을 잘 연주했다. 뒤늦게 그 어려운 트럼펫과 특별한 인연을 맺은 동생은 퇴직하고 나서도 언제나 노신사의 의관처럼 그 낡은 트럼펫 가방을 메고 다녔다. 그 트럼펫과 동생은 한몸인 것 같았다.

어머니 생신 때, 동생은 2남 3녀나 되는 형제를 기다리면서 여전히 그 낡은 트럼펫을 닦고 또 닦고 있었다. 그 모양새가 너무 애틋해 보여 새것은 얼마나 하느냐고 넌지시 물어 보았다. 국산이라도 새것은 오십만 원이 넘을 거라고 했다. 생각 끝에 나는 두 여동생을 불러 나이 더 들기 전에 우리 셋이서 새 트럼펫 하나 선물하자고 했다. 여동생들도 흔쾌히 동의했다.

다음해 어머니 생신 때, 동생 손에는 번쩍이는 트럼펫이 들려 있었다. 그 트럼펫으로 어머니께 찬송을 들려드리기도 하고 우리들에게 가곡을 들려주기도 했다. '새로 산 것'

이란다. 반가운 마음에 만져보려 하니, 비록 중고지만 가지고 있던 비자금 오십만 원까지 보태서 산 '바하 37'이라는 명품이라고 했다. 지금 당장 팔아도 제값을 받는다며 귀중한 보물이나 되는 것처럼 어루만졌다. 그 행복에 겨워하는 표정은 보는 이들까지도 행복하게 만들었다. 그 날 저녁 오남매가 다 모여 트럼펫 감상도 하고 노래도 부르면서 즐거운 밤을 보냈다. 동생은 본시 말수가 적고 아무데서나 쉽게 노래를 부르지 않았는데 그 날은 노래를 여러 곡 들려주었다.

어머니가 구십구 세로 가시고 난 후 부모님 산소에서 동생이 '저 높은 곳을 향하여'를 연주하기도 했다. 온 골짜기가 트럼펫 소리에 숙연해졌다. 트럼펫 가방은 그렇게 잠시도 동생과 떨어지지 않았다. 결혼식장에도 장례식장에도 밥 먹으러 갈 때도 메고 다녔다. 호수공원에서 클라리넷을 하는 퇴직 교수님과 플룻을 하는 여선생님과 만나 셋이서 연습도 하고, 때로는 병원이나 복지회관, 교회 등으로 연주 봉사도 다녔다.

누구나 평생을 살다 보면 큰 성공은 하지 못하더라도 하고 싶은 것 한두 가지 쯤은 하면서 살고 싶어 한다. 하지만 그리 못 하고 사는 사람이 더 많다. 그런데 동생은, 아무에게나 허락되지 않는다는 트럼펫을 늦게라도 만나 십여 년간 작은 행복을 느끼고 살아왔으니 그나마 감사할 일이다.

오늘 보니 창백한 동생 곁을 지키고 있는 트럼펫조차 안쓰럽게 그 빛을 잃어가고 있다. 어서 자리를 털고 일어나 동생의 손에서 저 트럼펫이 다시 반짝이게 되기를 간절히 기원한다.

시린 별밤

소의 목덜미를 쓰다듬으며 "애기 젖 먹으러 오라고 불렀어? 애기가 보고 싶어?" 하며 얼굴을 들여다보니 어미 소의 눈에서 눈물이 주르르 흘러 목에 둘렀던 수건으로 어미 소의 눈물을 닦아주었단다.

여기 저기 흩어져 사는 여동생들과 보은에 있는 부모님 산소로 성묘를 갔다. 고향이지만 떠난 지 오래라 아는 사람이 없다. 양지바른 부모님 유택은 언제 와도 포근하고 편안하다. 준비해 간 제수를 차려놓고 사배四拜를 올린다. 보은 읍내에 살고 있는 셋째 동생 내외가 산소를 얼마나 잘 가꾸어 놨는지 포근한 잔디 위에 누워 보고 싶을 지경이다. 따뜻한 산소 앞에서 점심을 먹고 부모님 흉도 보고 좋은 이야기도 하면서 놀다가 셋째네 집으로 향했다.

읍내라고는 하지만 영락없는 시골마을이다. 동네로 들

어서니 거름냄새가 먼저 반긴다. 시골 냄새다. 이집 저집 소들이 저녁을 달라고 소리를 질러댄다. 동생 집의 들머리 외양간에도 소가 여러마리 있었다. 여형제들이 모처럼 만나 함께 밤을 맞이하게 되니 사는 얘기로 끝이 없다. 간간히 소 울음소리가 들린다. 유난히 높고 크다. 가만히 듣자하니 한 마리가 그렇게 울어대는 것 같다. 그 때마다 셋째가 "미안해, 미안해" 혼잣말을 하더니 밖으로 나간다. 한참 만에 돌아온 셋째 눈이 젖어있다.

"오늘 아침에 새끼 떼어 보낸 어미가 자꾸 저러네. 젖 불었으니 젖 먹으러 오라고……."

젖 불은 어미가 송아지 찾는 소리라니……. 젖이 불어 더욱 슬픈 이별…… 갑자기 가슴이 아려온다. 어미의 울음소리가 못 견디게 애잔하기만 하다. 동생이 소의 목덜미를 쓰다듬으며 "애기 젖 먹으러 오라고 불렀어? 애기가 보고 싶어?" 하며 얼굴을 들여다보니 어미 소의 눈에서 눈물이 주르르 흘러 목에 둘렀던 수건으로 어미 소의 눈물을 닦아주었단다.

밤이 이슥해지자 동생들이 자리를 펴고 잘 준비를 한다. 문득 시골의 밤하늘이 궁금해 마당으로 나서 본다. 시월 초여드레의 밤하늘, 이미 송편달은 서쪽으로 기울었고 주먹 같은 별들이 쿡쿡 헤일 수 없이 박혀 있다. 하늘이 온통 별밭이다. 은빛인지 푸른빛인지 사방에서 빛이 반짝인다. 이런 별밤을 본 것이 언제인지 까마득하다. 싸늘하고 깔끔

한 밤이다.

인기척에 송아지 한 마리가 목을 쏙 내밀고 내다보자 이내 음~매~ 하는 낮은 소리로 어미 소가 불러들인다. 새끼를 떠나보낸 다른 어미가 또 크게 한 번 운다. 어미 소의 울음소리에 차가운 별빛이 사뭇 더 슬퍼진다. 애잔한 울음만 낮게 깔리며 멀리 퍼져나갈 뿐 바람 한 점 없는 고요한 밤이다.

오늘 밤엔 서리가 많이 내리겠네.

혼잣말을 하며 방으로 돌아왔지만 밤새 어미 소의 애타는 울음소리가 꿈결까지 따라와 잠을 설쳤다.

그래도 아침이 되니 머리가 개운하다. 대청 문을 여니 온통 서리로 하얗다.

"상큼한 아침이네."

"칼칼한 아침이지? 난 이래서 시골이 참 좋아."

뜰에 있던 셋째가 뽀얀 입김을 내뿜는다. 외양간을 들여다보니 작은 송아지의 털이 흠뻑 젖어있다. 털을 참빗으로 이리저리 빗겨놓은 듯 모양새가 우습고도 귀엽다.

"어미 소가 예쁘다고 혀로 핥아서 그래."

셋째가 일러준다. 말 못하는 짐승이지만 모성애가 갸륵하다. 밤새 새끼를 찾다 지친 어미 소는 눈꺼풀이 축 처져있다. 서 있는 바닥엔 뿌연 젖이 흥건하다. 저러다가 젖몸

살이라도 나지 않을까? 떠나간 송아지는 밤새 어미를 얼마나 불렀고 젖은 얼마나 먹고 싶었을까. 마음이 편치 않다. 바닥에 흥건하게 고인 젖을 보고 있자니… 자식 키워본 어미라면 저 심정 누구인들 못 헤아릴까.

아침을 먹고 주섬주섬 준비해 일어선다. 바쁜데 와서 부산만 떨고 가서 미안하기만 한데도 동생은 소 때문에 잠을 잘 못 자서 어쩌냐며 도로 미안해한다. 나오는데 또 눈길이 외양간으로 간다. 새끼 보낸 기운 빠진 어미를 차마 볼 수 없어 고개 돌려 외면하고 만다. 그 옆에 어미의 젖을 빨던 송아지가 꼬리를 한 번 흔들어 보인다. 저 모자도 머잖아 이별을 할 테지…….

두 시간 넘게 차를 달려 집에 도착할 때까지도 별밤에 울려 퍼지던 어미 소의 시린 울부짖음이 귓전에 여전하다.

그 넓고 깊은

– 김성록의 '가고파'

산속으로 은거해 들어갈 수밖에 없었던 삶의 애환이나 인고의 시간이 없었더라면 그렇게까지 감동을 주진 못했을 것이다. 길고 깊었을 은둔의 시간은 그의 삶을 발효시켰을 것이고, 다시 세상에 나올 힘을 주었을 것이다.

어느 방송에서 오십 대부터 팔십 대에 걸쳐 청춘 합창단원을 모집했다.

텁수룩한 한 남성이 오디션을 보러왔다. 산골에서 벌을 치는 사람이라고 했다. 그리운 금강산을 부르겠다고 했다. 전주가 나오자 긴장하는 다른 출연자들과는 달리, 익숙한 듯 자연스럽게 노래를 시작했다. 처음엔 소리가 조금 흩어지는 듯 했지만 이내 탁 터져 나오는 풍부한 성량에 정신이 번쩍 들었다.

김성록이라 했다.

컴퓨터를 뒤적이는데 마산 가곡축제에서 김성록이 공연한 동영상이 떴다. 헤드폰을 쓰고 해당 블로그를 열었다. 이은상 작시 김동진 작곡의 '가고파'를 듣는데, 절절하게 토해내는 그 소리가, 세월과 망각의 두터운 막을 뚫고 홀연히 내 앞에 길을 하나 내주었다.

그가 앞장서서, 전쟁 때 다 비워두고 피란 떠났던 허름한 어느 동네로 안내한다. 우리 가족이 살았고 이웃들이 살았던 낯익은 집들을 찾아본다. 아이들이 우르르 몰려다니며 뛰어놀던 골목을 서성거린다. 이집 저집 들여다봐도 거미줄, 먼지 쌓인 빈 집, 텅 빈 골목뿐 말 그대로 폐허다. 다 어디로 갔을까. '그 물새 그 동무들 고향에 다 있는데 나는 왜…… ' 노래에 실려 아무리 다녀 봐도 아무도 없다. 나만 홀로 기억 속을 거닐고 있을 뿐…….

한순간 정적이 감돌자 환상의 막이 내린다.

가슴을 절절히 훑어 내리던 노래 전후편이 다 끝나고 나서야 현실로 돌아왔다. 눈을 뜨니 눈가에 물기가 번져 있었다. 설명할 길 없는 아린 가슴, 참 허무했다. 김성록은 그 깊은 그리움을 어찌 알고 단박에 그곳으로 나를 인도했을까. 지금은 흔적도 없는 그곳을 어이 그리 못 잊어 평생을 두고 그리워하는 것일까…….

사람들은 그를 일러 '꿀포츠'라 했다. 하지만 나는 그 이름에는 동의하지 않는다. 그와 '폴포츠'는 다르다. 폴포츠는 음악대학을 다니다가 중간에 그만 두고 세월이 많이 흐른 뒤 어느 오디션에서 발탁되어 무대에 오른 사람이지만, 김성록은 아니다. 음악대학을 온전히 마치고 시립합창단원으로 큰 무대에서 활동하던 촉망받는 테너였다고 한다. 그런 그가 홀연히 무대를 떠나 버렸다.

산속에 들어가서 벌을 치며 은거의 세월을 보냈다고 한다. 무엇이 그를 무대에서 끌어내려 벌통 앞에 세웠는지 모르겠지만 노래를 중단하지 않고 줄곧 그길로 갔더라면 더 훌륭한 테너로 성장했을 것이다. 그렇지만 산속으로 은거해 들어갈 수밖에 없었던 삶의 애환이나 남들이 알지 못하는 인고의 묵은 시간이 없었더라면 그렇게까지 살아있는 감동을 선사해주진 못했을 것이다. 길고 깊었을 은둔의 시간은 그의 삶을 발효시켰을 것이고, 다시 세상에 나올 힘을 주었을 것이다.

내 생에 이렇듯 살아있는 노래에 빠져 감동을 받아 본 적이 언제 있었던가. 내가 받은 감동을 고스란히 되돌려, 그의 앞날에 평온이 깃들길 기도한다.

눈 오는 날의 일기

아이들 속에서 참견도 하며 따라다니기도 하는 자신을 발견하고는 웃는다. 저 녀석들, 귀한 눈 덕에 오늘 추억 하나 보태네. 축 늘어졌던 마음이 아이들 틈에 있다보니 그새 탄력이 생긴다.

12. 9.

녹야원 출판기념회가 있는 날이다. 대구불교문협 회원으로 가입하고 처음으로 녹야원에 작품을 실었기에 꼭 참석해야겠다 생각하고 있었다. 새벽부터 일어나 목욕을 했다. 출판 기념회가 아니더라도 처음으로 참석을 하려니 설렌다. 옷을 방안 가득 꺼내놓고 이것저것 골라보며 부산을 떤다. 손녀가 사준 아끼던 보라색 닥스 모자와 머플러, 장갑을 챙겨 놓고 같이 가기로 한 문우에게서 전화오기만을 기다린다. 행사는 저녁 7시라는데 점심 먹고 나서부터 준비를 마치고 기다린다.

갑자기 눈이 펄펄 날리기 시작한다. 딸아이가 밖을 내다보며 반가운 목소리로 놀림인양 웃어댄다.

“어, 눈이 오네! 엄마 모처럼 꽃단장 했는데, 눈이 와서 못가겠네.”

“대구에 눈이 와봤자 얼마나 온다고, 조금 오다가 그치겠지…….”

그런데 눈이 점점 더 퍼붓는다. 몇 년을 가도 보기 어려운 눈이 하필이면 오늘 이렇게 내릴게 뭐람. 속이 상한다. 가는 것은 일찍 나서서 어둡기 전에 조심해서 간다지만 돌아올 길을 생각하니 도저히 자신이 없어 포기하기로 한다. 새벽부터 아이처럼 들떠서 수선을 피웠는데…… 그만 풀이 죽어버린다.

아파트 주차장은 시끌벅적하고 아이들의 함성은 우렁차다. 정말 좀처럼 보기 힘든 함박눈이다. 나는 눈 때문에 속이 상했지만, 동네 꼬마들은 신이 난다. 꼬마들의 소리에 이끌려 밖으로 나간다. 눈사람 만들기, 눈싸움에 한창이다. 조금 전까지 풀이 죽었던 기분은 어디로 가고 어느새 아이 때 기분이 발동해 카메라까지 들고 빠드득 빠드득 눈을 밟으며 아이들 속으로 들어간다.

눈뭉치를 든

계집아이가 눈을 반짝이며 렌즈 앞에 바짝 다가와 묻는다.

"할머니 사진 왜 찍어요?"

"너희들 노는 게 너무 예뻐서."

경비아저씨는 길이라도 뚫어보려고 가래로 연신 눈을 밀어내며 "허, 고놈들 추운 것도 모르나." 하며 빙그레 웃는다. 제 키보다 더 큰 눈덩이를 굴리던 아이가 얼어버린 발간 손을 털어댄다. 그래도 눈 놀이가 신이 나는 모양이다.

"이제 그건 놔두고, 작은 것 하나 더 만들어 얹어야지."

내가 또 슬그머니 끼어들어 본다. 그러면서도 아이들 속에서 참견도 하고 은근히 따라다니기도 하는 나 자신을 발견하고는 속으로 웃는다. 저 녀석들, 귀한 눈 덕에 오늘 추억 하나 보태네. 조금 전까지만 해도 축 늘어졌던 마음이 아이들 틈에 있다 보니 그새 탄력이 생긴다.

12.10.

차에 쌓인 눈을 대충 쓸어내고 딸아이와 마트에 갔다. 돌아오면서 보니 노면의 눈이 찌지그리하게 녹아 있다. 동네 꼬맹이들은 바다에 남은 눈과 떨기나무에 앉은 진설을 걷어다 뭉쳐서 아직도 신나게 눈싸움을 하고 있다. 머리카락은 땀에 다 젖었고 얼굴은 발그레 달아있다. 얼룩덜룩

옷을 다 더럽혔으니 집에 가면 어미한테 된통 혼나겠구나 걱정이 된다. 하지만 뭐가 문제랴. 저렇게 즐거운데.

12.11.

일요일인데도 밖이 조용하다. 밤사이 기온이 뚝 떨어져 너무 추우니까, 아이들을 못 나가게 부모들이 잡아 놓은 모양이다. 눈 덕에 이틀간 아이들 틈에서 생기를 얻었는데……. 아이들 소리가 없으니 너무 한적하다. 역시 아이들 소리가 나야 살맛도 나는 모양이다.

2011년 12월

친정집

엄마의 전용공간인 장독대도 쓸 만한 용기들은 다 없어지고 못난 것만 몇 개 나뒹군 채로 폐허다. 허물어진 장독대 돌판에 털썩 주저앉아 보니 삼십 년 세월이 무상하다.

친정집 뒤란에는 늙고 큰 감나무가 세 그루 있다.

가운데 한 나무는 질감이 아삭아삭 연하고 아주 달아서 추석 즈음이면 삭혀서 먹는 월하 종인데, 양쪽의 두 나무는 둥시 종으로 곶감이나 홍시로 먹으면 질감이 찰지고 달아서 맛이 좋다.

추석이 다가오면 어머니는 자식들과 손자들 오기를 기다리며 즐겁게 감을 삭혔다. 가을이면 감 딸 일이 언제나 큰 걱정꺼리였다. 일손이 부족한 시골에서는 놉을 얻기가 힘이 들었다. 몇 접은 곶감을 깎아 널고 반 조금 못 되는 나머지 감은 누에 잠박에 짚을 깔고 손자 얼굴 쓰다듬듯이 쓰다듬으며 감을 하나하나 줄지어 세웠다. 감이 가득 담긴 잠박들을 잠실 시렁에 죽 나열해 짚을 덮어놓고 익기를 기다렸다. 홍시가 익을수록 어머니의 자식 기다리는 마음도 커져갔다.

홍시는 병약하신 아버지 간식으로도 드리고 방문하는 손님들에게 대접도 했다. 한 번씩 처가 걸음 하던 술 좋아하는 맏사위도, 이른 아침 살짝 언 홍시를 조심스레 대접하면 반가워했다. 곶감은 술 못하는 아들들에게도 나누어 주고 딸들에게는 시가 조상님 받드는데 제수로 쓰라고 싸 주셨다.

하늘 높은 줄 모르고 치솟던 그 감나무도 이제는 나이가 들어 삭아 내리는지 모양새가 엉성해지고, 고향집도 삭아만 간다.

비어 있던 이 집에 지금은 구십이 넘은 집안의 꼬부랑 할머니가 홀로 살고 계신다. 집이 무너지기라도 할까 봐 친정 동생이 이제 그만 자손들에게 가시라고 해도 듣질 않는다. 며느리는 죽고 아들은 손자 내외와 마산에서 잘 살고 있지만 아무리 모셔 가려 해도 이 집이 편하다고 하면서 고집스레 버티고 있단다.

이 집은 전쟁 후 부모님이 어렵게 마련해서 정들인 집이다. 어머니는 1983년 연세 76세 때 동생이 서울로 모셔갔다가 구십구 세에 돌아가신 후에야 이 마을 뒷산 선영에

누우셨다. 생전에 오매불망 이 집을 못 잊고 그리워하셨다. 심한 차멀미 때문에 다녀갈 엄두도 내보지 못 하고 그리움만 가슴에 눌러 담고 가셨다. 어머니 이제 가까운 곳에 계시니 자주 둘러보러 오세요.

성묘 차 왔다가 들러본 친정집! 주마등처럼 지나간 세월이 어른거린다. 엄마의 전용공간인 장독대도 쓸 만한 용기들은 다 없어지고 못난 것만 몇 개 나뒹군 채로 폐허다. 허물어진 장독대 돌판에 털썩 주저앉아 보니 삼십 년 세월이 무상하다. 허공만 바라보고 앉았는데 머리 위에서 까치밥 찍어먹으러 온 까치가 까까 거린다. 순간 엄마가, 이 여식 여기 들린 줄 알고 까치 등 타고 뒤따라오셨나 싶어진다.

돌아갈 차 시간 놓칠까 봐 일어나 아쉬움에 한 번 더 휘익 둘러보고 나오는데 열린 안방 문으로 아버지의 생전 모습이 얼핏 보이는 듯하다. 아버지 생신이나 어머니 생신 때 자손들이 왔다가 돌아갈 때면 모두 우르르 사립문께로 나와 다 같이 돌아서서 인사를 했다. 아버지는 인사소리가 채 끝나기도 전에 "이리들 들어와 봐." 하셨다. 그때야 키득키득 열적은 웃음으로 '절 안하고 나왔구나' 알아차리곤 했다. 다시 방에 들어가 배례를 드리고 나면 "너희들도 자식을 키우는데 본을 보여야지. 자주 보자. 차 시간 바쁜데 어서 가 봐." 하셨다.

아버지 생전에 훈육하신 행신이나 언행에 대한 말씀을

다 지키진 못 했지만 항상 가슴에 남아있습니다. 아버지, 오늘 따라 더욱 뵙고 싶습니다!

골목에 나와 서서 다시 지붕 위의 감나무를 쳐다본다.

너는 지친 몸이지만 내년에 다시 꽃을 피우겠지……. 널 다시 만날 수 있을까? 늙은 나는 내일을 알 수 없구나.

침산동을 추억하다

세월과 함께 시장은 사라지고 초라한 흔적만 쓸쓸하게 남아 있더니 이제야 재개발이 되는 모양이다. 을씨년스런 그 자리엔 늘 사람들로 대만원이었던 코리아극장이 있었다.

지난 초겨울 작은댁 제사에 다녀오다 보니, 침산변전소 맞은편 건물들을 가림막으로 가려놓고 개발공사 때문에 철거를 시작한다는 안내 현수막이 걸려있었다. 아이들이 무심하게 "여기도 이제야 개발하는 모양이네." 했다. 철거를 앞둔 낡은 동네 모습에 마음이 스산해지며, 이 동네에 사람들이 북적대던 시절이 떠올랐다.

처음 침산동에 살게 된 것은 1956년 23살 때였다. 당시에는 아파트가 즐비한 지금의 모습과는 사뭇 달랐다. 지금의 명성푸르지오아파트 자리에 내외방직이 있었고, 그 담을 오른쪽으로 끼고 걷다보면 석산양말 공장이 있었다. 다시 그 공장을 끼고 돌면 고려직물, 창영직물, 또 오른쪽으로 돌아서면 긴 담으로 꺾여 선학알미늄 공장이 내외방직과 맞물려 있었다. 내외방직 한 블록 건너편에는 군납품인 승리건빵이 있었고, 승리건빵 오른쪽으로 걷다보면, 그 앞으로 지금 푸르지오아파트 자리에 대한방직이 자리 잡고 있었다. 그 동쪽으로 한 블록 건너인 지금 삼성교육관이 제일모직 직원기숙사였고, 오페라하우스와 하늘채아파트 근처에는 제일모직 공장이 있었다. 승리건빵 왼쪽으로는 장교복 만드는 옷감을 납품하는 삼흥모직, 그 옆에 풍국제면, 그 옆의 지금 청구아파트 자리에는 해방난민촌이 있었고, 북구보건소와 침산동3동 주민센터 자리에는 연초 건조창이 있었다. 그 뒤쪽으로 무림제지는 아직도 그 자리에 있다. 침산국민학교 정문 건너편으로 돌아가며 작은 공장들이 밀집해 있었고, 지금 북구청 자리엔 삼호방직이 있어 침산동은 대구 생산기지의 집결지 같았다.

출퇴근 시간이면 어깨를 부딪치며 걷는 사람들의 행렬이 신작로를 꽉 메웠다. 그때는 너나없이 몸은 고되고 보수는 적었다. 쌀값이 비싸서 쌀밥은 감히 생각도 못하고, 보리밥 국수로 간신히 끼니를 때우곤 했다. 작업장도 안전과 위생시설이 열악해서, 일을 마치면 머리도 뽀얗고 눈썹이 하얗게 먼지를 덮어쓰고 나왔다. 그랬으니 그 먼지를 날마다 얼마나 마셨을까?

성북교를 건너 침산동으로 일하러 나오는 근로자는 남자들보다 여자들이 훨씬 많았다. 남자들은 군대도 갔지만 남자 상위시대라 진학을 시켰기 때문이다. 여자들은 전쟁 통에 홀몸이 된 경우도 많았고, 국민학교만 졸업하면 직장으로 내몰렸다. 국민학교도 가지 못해 글을 읽지 못하는 이들도 많았다.

무태에서 일하러 다니던 아가씨들은 오후 7시에 퇴근을 하면, 성북교 건너 어느 조그만 가게에 모여 길동무를 구했다. 겨울이면 오후 5시 반만 되어도 어두운데, 가로등도 없던 그 시절에 칠흑 같은 밤에 들길을 혼자서 간다는 것은 엄두도 나지 않는 일이기 때문이었다. 몇 명이 모여 무리를 이루어 길을 나서도 무태다리를 건너갈 때면 배고프고 추워서 잔뜩 웅크린 채 겅중겅중 바쁜 걸음을 걸어도 무섭고 멀기만 하다고 했다. 그 와중에도 재미있는 영화가 들어왔다고 소문이 나면, 몇 명씩 어울려 저녁도 안 먹고 회사 월급에서 가불을 해 영화를 보러 갔다. 영화를 보고 열두 시가 훽 넘어서야 집에 들어서면 부모들은 돈 쓰고 왔다고 꾸지람을 했다.

그 무렵 성북교에는 소달구지가 다녔고, 방천둑 좌우에는 나무장사들이 장작, 소깝, 솔갈비를 지게에 지고 나와 받쳐 놓고 팔기 시작했다. 그러더니 일찍 떨어진 흠 있는 사과나 직접 재배한 서글픈 채소들을 늘어놓고 파는 장사꾼이 여기저기 생겨났다. 뒤이어 함석대야나 나무함지에 생선을 담아놓고 파는 생선장사가 모여들더니 빠르게 시장이 형성 되었다.

그때 대구는 수도시설이 부실해서 물이 많이 부족했다. 군데군데 샘이 있었지만, 비누가 잘 안 풀리고 빨래의 때가 잘 안 빠졌다. 그래서 멀리서도 금호강이나 신천으로 빨래를 하러 모여들었다. 그 당시 몇 해 동안은 가뭄이 심해서 여름에도 신천에 물이 많이 없었다. 돌을 쌓아 흩어진 물길을 가운데로 모아도 한 발 남짓한 폭에 발목 조금 위까지 간신히 미치는 물이 흐를 뿐이었다. 주먹 같은 물이끼가 둥둥 떠내려 오는 그 작은 물가에 그래도 촘촘히 마주앉아 빨래를 했다. 빨래터 옆에는 드럼통을 걸어놓고, 애벌 빨아온 것을 눈대중으로 흥정을 한 뒤 삶아 주는 사람도 있었다. 신기하게도 그렇게 여러 집 빨래를 한솥에 삶아도 하나도 안 섞이게 주인을 찾아주었다.

일요일엔 남편이 빨랫감을 자전거에 싣고, 아내는 애기를 업고 밥을 싸가지고 빨래하러 오는 이들도 있었다. 아내는 돌아갈 때 무게를 줄이기 위해, 먼저 빤 빨래들은 강변에 널어 말려가면서 빨래를 했다. 아내가 빨래를 하는 동안 남편은 애기를 안고 방천에 올라가 장구경도 하고 점심 반찬으로 고등어를 사오기도 했다. 강변에서 납작한 돌멩이를 찾아 걸어놓고, 주변의 검불을 주워 불을 때고, 씻지도 않은 고등어를 그냥 구웠다. 그렇게 구운 고등어의 껍질을 살짝 걷어내고 소금 찍어 먹는 모습이 부러웠다.

낮에는 빨래터였던 그 곳이 밤에는 목욕탕으로 변했다. 물도 귀하고 집에 씻을 공간이 없어, 많은 사람들이 이끼가 둥둥 떠내려 오는 물에서 그냥 목욕을 했다.

시장이 날로 커지면서 너무 복잡해지니까 지금 남침산 네거리 하나은행 뒷골목 안에 가건물로 시장을 지어 놓고 그리로 몰아넣었다. 돈이 있는 사람은 들어갔지만, 돈이 없는 사람은 그냥 방천에 남았다. 그래도 사람들은 새로 만든 시장으로 찾아가지 않고, 방천에 남아 있던 장사꾼들에게 갔다. 어쩔 수 없이 새 시장으로 들어갔던 상인들도 방천으로 다시 나왔다. 그러다 보니 도로가 마비되고 질서가 무너져 다시 엉망이 되었다. 그래서 방천둑을 따라 다시 정비해서 조성한 시장이 지금 철거하고 있는 방천시장이다.

어제 침산보건소 복지회관에 갔다 오는 길에 일부러 철거하는 현장을 들러봤다. 세월과 함께 시장은 사라지고 초라한 흔적만 쓸쓸하게 남아 있더니 이제야 재개발이 되는 모양이다.

을씨년스런 그 자리엔 늘 사람들로 대만원이었던 코리아극장이 있었다. 시장에 파는 채소들은 요즘처럼 기술로 재배한 것이 아니어서 땟물 좋은 물건을 보기가 드물었다. 생선장사가 시끌벅적 외쳐대던, '자- 칼치 사이소~ 고등어 사이소~ 애동꼬치 넣고 벌겋게 찌지노면 맛이야 별로 없지만 비싼 쌀이 헤퍼서 탈이지요.'하고 너스레를 떨던 풍경이 떠올라 절로 입가에 미소가 번진다. 성시를 이루었던 그때 그 사람들은 지금 어떻게 살고 있을까.

새로운 건물이 지어지고 지난날의 흔적들이 사라지는 것도 자연스러운 이치고 아쉬움 또한 어쩔 수 없는 자연스런 이치다. 그래도 힘겨운 시절을 열심히 살았던 사람들의 활기찬 모습은 내게 그립고 소박한 추억이다.

못 다한 숙제

이런저런 숙제들은 얼추 마쳤지만, 둘째 딸과 막내아들이 걸린다. 맑지 않은 정신에도 남편이 딸아이에게 '여자는 결혼하면 고생이다'라고 하더니 그래서인지, 이 어미의 무능 때문인지……

팔십 평생을 살았으면서도 큰 숙제를 끝내지 못했다.

나는 1953년 5월, 20세에 결혼을 했다.

1938년에서 1944년까지 6년간은 아버지께서 포항 조흥은행에 근무하셨기 때문에 포항에서 살았다. 그때 부모님이 우리 어린 형제들을 단골로 데리고 다니던 한약방이 있었는데, 그곳에 근무하던 분이 보은으로 이사 와서 한약방을 열고 살았다. 그 사람이 대구로 약재 사러가는 길에 영동 우리 가게에 들른 적도 있었다고 들었다. 나는 기억이 없는데, 해방되고 4학년 때 나를 며느릿감으로 주목해 두었던 모양이었다. 그때 내가 공부 잘 한다고 아버지께서 자랑을 하셨던 것 같다.

전쟁이 나고 우리가 고생스럽게 살고 있을 때 수소문을 해 통혼을 보내온 것 같다. 아무것도 없으니 형식도 갖추지 못한 채 혼례라고 치르고 시집을 가고 보니 본래 컸던 집은 전쟁 때 불탔다고 했다. 정부에서 배급으로 나온 삼간 후생주택 재목으로 지었다는 작은 집에는 신혼 방이 따로 없었다. 방 하나는 사랑 겸 약방으로 썼다. 약방은 밤중에도 응급환자가 올 수 있기 때문에 바깥 시어른 혼자 썼다. 안방은 시누이 둘, 시동생 하나, 시어머니, 나 등 나머지 식구들이 같이 썼다. 신랑은 지방 면서기로 근무했는데, 이따금 집에 오면 어머니 치마폭에 싸여 색시 같은 것은 안중에도 없었다. 그 와중에 어쩌다 방을 한 번 비워주면 서먹서먹하고 처음 만나는 사람처럼 어색하기만 했다. 거기에다 시집올 때 혼수 못해왔다고 구박, 친정 못 산다고 무시하는 바람에 나는 점점 입 붙은 바보가 되어갔다.

결혼한 지 만 삼 년, 스물세 살 되던 5월에 신랑이 병사를 했다.

추석 때 친정에 갔다가 신문으로 도배된 벽에서 광고를 읽었다. 야간 경리학원, 한 달간 교육을 받으면 경리로 취직할 수 있다는 광고를 보고 대구에 고모님이 사시기 때문에 그쪽을 목적지로 정했다. 주간에 일해서 돈을 벌어 야간에 공부를 해 경리로 취직을 하면, 소원하던 학교공부를 더할 수 있겠다 싶었다.

시댁에 돌아가 대구로 가겠다니까 시누이랑 시어머니는 성을 벌컥 내며 입에 못 담을 욕을 하며 사람죽기를 기다렸느냐고 호통을 쳤다. 다행히 시아버님은 아무 말씀 없이 차비를 주시며 객지에 가거든 몸조심하라고 하셨다. 쏟아지는 시어머니의 욕을 뒤로하고 대구로 왔다.

막상 대구로 오고 보니 주간만 일할 곳은 없고, 모든 직장 퇴근시간이 너무 늦어서 공부하러 갈 곳이 없었다. 일주일은 주간만하고 일요일은 아침에 출근해서 월요일 아침까지 24시간 근무하고 교대를, 월요일 저녁부터는 야근을 해야 했다. 무엇보다도 열두 시간씩 작업을 하니 시간이 안 맞아서 공부할 곳을 알아볼 여유가 없었다.

당장 호구지책부터 해결해야 했기에 개인 직물회사에 들어가 한 달여간의 수습기간을 거쳐 정식으로 일을 하게 되었다. 열두 시간을 일하고 나면 머리와 눈썹 위에 솜먼지가 뽀얗게 내려앉았다. 여름에는 탁한 공기에 정신도 몽롱해지고 더 덥고 졸렸다. 겨울에는 그 큰 공장 중간에 난로 하나만 피워 놓으니 바로 옆에 있지 않으면 피우나마나였다. 지금처럼 좋은 옷도 없고 두터운 양말이나 신발도 없었으니 얇은 양말에다 고무신을 신고 바닥에 오랜 시간

서있자니 다리도 아프고 발은 시려서 떨어져 나가는 것 같았다.

그때는 지금 보다 훨씬 더 추웠던 것 같다. 그것도 기계가 술렁술렁 잘 돌아가면 다행이지만 잦은 고장으로 일하기가 거북할 때가 많았다. 옷을 입고 살았어도 그저 옷은 다 같은 옷이라고만 알았던 내가 제직을 체험하고 나서야 씨실 날실로만 옷감을 짜는 것이 아니라 일하는 사람의 눈물과 서러움과 노고가 같이 섞여 직조된다는 것을 알았다.

잘 먹지도 못 하고 노동은 벅차고 위생조차 나빠서 결핵도 참 많이 걸렸다. 개중에 고생하다 죽는 사람도 많았다. 결핵은 걸렸다하면 전염이 되기 때문에 한 집에 몇 명씩 죽는 경우도 있었다. 그렇게 일을 하면서 몇이 벌어도 한 달에 쌀 한 가마니 살 돈이 안 되었다. 시골 부모님과 동생들에게도 조금 보탬을 보내야 했기에, 벌어도 입에 풀칠하기 힘들었다.

그러다 나이가 십 년 위인 상처한 지 육 년 된 사람을 만나 재혼을 하게 되었다. 그때가 서른두 살이었다. '문량공' 후손, 강문의 여식으로서 집안에 오점을 남겼다. 인품이 좋아 만나고보니 가족으로 시부모님과 맏이인 고등

학교 2학년 아들, 초등학교 6학년 딸아이와 초등학교 3학년인 아들이 있었다. 거기에다 손아래 동서의 직장관계로 세 살 된 질녀도 와있었다. 건장한 시아버님은 칠십이 넘으셨는데도 쌀 한 가마니쯤은 거뜬히 들어 자전거에 싣고 다니셨고, 탁주를 주발로 다섯 번씩 하루도 빠짐없이 드셨다. 시어머님은 자그마하고 곱상하신 체구에 마음이 너그럽고 인자하셨다.

남편의 직업도 없고 살기가 너무 힘이 들었다. 온 일 년을 넘게 지나고 나서 남편이 취직이 되었다. 임신을 했으나 서른넷에 사내아이를 사산하고 말았다. 임신하기 전에는 그렇게 간절히 아이를 원할 줄 몰랐다. 그런데 막상 실패를 하고 보니 허전하고 아깝고 젖이 돌 때마다 자꾸 눈물이 쏟아져 식구들 몰래 참 많이 울었다. 이듬해에 딸아이를 낳고 두 해 있다가 아들아이를 낳았다. 여자는 아이를 젖 물리고 앉았을 때가 가장 행복함을 그제야 나도 느껴보았다. 어른들의 한복 손질과 열 식구 뒷바라지에 정신없는 시간이 흘렀다.

1973년 방촌에다 작은 직물공장을 차려 임직을 했다. 그

럭저럭 살았는데 그 무렵 시설 좋은 큰 공장들이 생기면서 기술을 익힐만하면 다른 회사로 빠져나가 사람 구하기도 힘들고 임직도 잘 안됐다. 오륙 년 하다가 결국 문을 닫고 내당동 본집으로 돌아왔다.

1983년 딸아이가 중학교 3학년, 막내아들이 초등학교 6학년 때였다. 살기가 곤궁한 것을 친정동생이 알고, 서울 와서 일을 해보면 어떻겠느냐는 언질을 건네기에 서울로 갔다. 동생은 가게 앞에서 노점을 해보든지, 아니면 금은방에 필요한 인쇄물이나 광고용 지갑 등을 주문 받아서 공장에 주문해서 얼마간의 이문을 보고 납품하는 영업 중, 어느 것을 해보겠느냐고 물었다. 우리집이 맏집이라 제사도 많고 집에도 자주 가봐야 되는데 노점을 자주 비울 수 없을 것 같아서 후자를 택했다. 서울에서 배워 대구에 내려가서 해야지, 생각을 하고 시작을 했다.

사람들 앞에 서면 자신이 없어지는 터라 견본을 들고 금은방의 문을 두드리거나 높은 문턱을 들어설 때의 그 망설임, 자신감 없던 모습을 떠올려보면 지금도 당황스럽다. 손님들이 흥정하고 있으면 방해될까봐 들어갈 수가 없고 남자들만 있어도 들어갈 용기가 없었다. 그냥 지나치고 나면 들어가 볼 걸 후회하면서도 늘 망설이다 그냥 지나치곤 했다. 어렵지만 그래도 해야지, 동생이 보기에 얼마나 딱했으면 이걸 권했을까, 이거라도 해내야지 하면서 다짐하고 또 다짐했다. 일만 배우면 대구 가서 해야겠다 생각했지만 시작해놓고 보니 단골고객이 확보되어 돌아갈 수가 없었다.

딸아이의 고등학교, 대학교 등록금을 친정동생이 내주었다. 막내아들은 고등학교까지만 주고, 졸업 후에 직장을 다니면서 야간대학을 마쳤다. 고생을 하면서도 딸이 국립사범대학교에 다닌다는 것이 마냥 자랑스럽고 뿌듯했다. 그런데 아이들은 그때가 끔찍했다고 한다. 하기는 등록금만 주었지, 용돈은 고사하고 책값도 한 번 주지 않았으니 학교를 어떻게 다녔는지 모르겠다. 그때는 등록금만으로 학교를 다니는 건 아니라는 생각을 못했다. 그래도 딸아이는 아르바이트를 하며 제 아버지께 용돈까지 드리면서 대학을 마쳤다. 지금 다시 생각해도 십 년 가까이 돈벌이를 하면서, 아이들에게 책값이나 용돈 한 번 준 일도 없고 옷가지 한 번 사주지 않은 것이 못내 미안하다.

딸아이의 졸업을 앞두고 교원 임용고시제로 바뀌어서, 경쟁률이 너무 높아 힘들겠구나 걱정을 했다. 그런데 한국통신공사 시험을 치더니 합격을 했다. 딸아이가 취직이 되고 두어해 지나니 아들도 삼성서비스 센터에 취직이 되었다.

나는 여전히 서울에서 주문배달 일을 하고 있었다. 서울 이현동에 출비안 웨딩샵 앞을 지날 때면 어느 것이 잘 어울릴까 하다가 '예쁘고 키도 크고 날씬해서 어느 것을 입혀도 예쁠 것'이라고 상상을 하면 저절로 행복한 미소가

지어졌다. 어쩌다 기차나 버스를 탔다가 청년이 앞에 앉아 있으면 얼굴은 어떻게 생겼을까 궁금해지고 한 번만 돌아봐주길 바랐다. 말도 못 건네 볼 것이면서도 관심이 갔다. 그런데 정작 딸아이는 직장생활에, 야간과 주말 아르바이트까지 하느라 관심조차 없었다니 나 혼자 헛꿈을 꾼 셈이다.

그 무렵 애들 아버지가 걸음에 힘이 없어진다고 하더니, 이유없이 화를 자주 내기 시작했다. 그러다 얼마 지나지 않아서 하루에도 몇 번씩 날짜를 확인하고, 담뱃불을 붙인 채 졸다가 불붙은 담배를 방바닥에 떨어뜨려 장판에 뽕뽕 검은 도장을 찍은 듯 불 탄 자국을 만들어댔다. 그래도 치매인 줄을 몰랐다.

서울생활 십년이 넘어가면서 남편의 증세는 더 악화되고 아이들 직장도 안정되서 서울생활을 접고 집으로 내려왔다. 남편은 점점 기억도 잃어가고, 사람도 못 알아볼 때가 많았졌지만, 다행히 거칠게 행동하거나 집 밖으로 뛰쳐나가거나 하지는 않았다. 먹고 싶은 것을 먹고 싶다고 말하고, 가고 싶다고 말하고, 화나면 화내고 어린아이 같이 단순해졌다. 어려서부터 지고 살아온 가장으로서의 무거운 짐을, 치매를 앓고 나서야 벗고 홀가분해진 듯해 보였다. 증세가 심해질수록 점점 더 힘들어졌지만, 딸아이는 곧잘 기분을 잘 맞춰 웃게 만들었다. 딸아이를 날 때부터

귀여워하더니 마지막까지 마누라보다 더 좋아했다.

오 남매 모두가 고생스레 컸다. 맏아들은 인물도 반듯하게 좋고, 공부도 잘해 집안의 기대를 한 몸에 받고 컸다. 큰 성공은 아니지만, 일찌감치 결혼하고 대기업에 취직해서 안정된 가정을 꾸렸다. 아무도 뭐라고 하지는 않았는데 장손이라는 부담 때문인지, 딸 넷을 보고 막내로 아들을 두었다. 하지만 남들이 부러워하던 대기업의 직장생활은 그렇게 고단했던지, 마흔아홉에 세상을 떴다. 다섯 아이를 남겨두고……. 큰며느리 혼자서 손녀 넷을 다 시집보내고 이제 손자 하나만 데리고 있다. 그 며느리도 벌써 육십 넷이 되었다.

큰딸아이는 똑똑하고 자존심이 강했지만 한편으로 여린 아이였다. 집에 모아놓은 돈도 없는데다 스물일곱이 되도록 시집을 못 보내서 걱정을 했는데 막상 결혼을 할 때는 좋은 신랑을 만났다. 혼수도 별로 못 해주고, 먼 서울로 시집 보내면서 걱정이 많았다. 이제 혼기를 앞둔 외손자 형제를 데리고 잘 살고 있으니 고맙고 신통하다.

둘째 아들은 제 누나 혼인시킨 여파도 있고 남편 직장도 없고 가정 사정이 가장 메말랐을 때 결혼을 하겠다고 했다. 형편이 너무 어려워, 결혼을 말렸었는데 아마 당사자들은 섭섭했을 것이다. 결국 제대로 갖추지 못하고 결혼식을 올렸다. 다른 부모들처럼 제대로 된 방 한 칸 장만해주지 못해, 시작부터 고생을 한 것 같아 두고두고 미안할 뿐이었다.

그렇게 이런저런 숙제들을 마쳤는데, 문제는 둘째 딸과 막내아들이다. 맑지 않은 정신에도 남편은 딸아이에게 '여자는 결혼하면 고생이다'라고 하더니 그래서인지, 이 어미의 무능 때문인지 아직 결혼을 못 시켰다. 팔십 넘은 어미를 거두며 삼대 조상님 제사를 불평 없이 묵묵히 모시니 착하고 고마울 뿐이다.

이 못다한 숙제를 안고 가서 조상님께 무어라 변명해도 종아리를 면할 수는 없을 듯하다. 안타까운 마음에 조상님께 건강이나 지켜 주십사 빌어본다.

5부 다정은 병이다

이팝꽃

시집가기 전 쌀 두 말도 못 먹고 간다던
그 시절엔 꽃조차 귀하더니
쌀밥도 뒷전으로 밀린 요즘
이팝꽃 지천으로 흐드러졌네

한꺼번에 지은 꽃밥
어쩌나 걱정했더니
눈치 빠른 바람이
빗물에 동동
식혜 밥알로 띄우네

소나무에게 배운다

흙 한줌 없는 바위틈에
뿌리내리고 선 저 소나무
작아도 거대하구나
저 많은 솔방울 달고도 위풍당당하구나

네 앞에서 문득
음양을 거부하고
생활을 핑계로
자식낳기 거부하는 세태를 생각한다.

서리꽃

어느 규방아씨 애달픔인가
별당아씨 눈물꽃인가
장성한 아들 앞세운
어미의 피맺힌 세월인가

슬픔이 넘쳐 눈 시리다
속으로 터지던 울음
깊이깊이 묻었다가
익히고 삭혀 토해낸 새벽
천지에 서리꽃으로 만발했네

11월의 망초

뙤약볕 광열 내내
천지로 피어 뽐내 보고도
한생으로는
성에 안 차더냐

상강 지나 소설인데
다 마른 풀 위로
다시 고개 내밀었구나

한생을 두고도 다하지 못한 말
네게도 있었더냐
차가운 하늘 향해
이리 가슴 열었구나

다정은 병이다

꽁꽁 언 바람에 맞서
칼바람으로 밤을 가르는 차 소리
강변도로 달리는 차가
쇳소리를 지른다
찢겨 달아나는 소리, 소리, 소리,
다리 건너다 부딪치는 소리

자정이 지났나?
세상 새끼들 모두 어미 품에 잘 들었나?

소리에 휩쓸려간 잠은 돌아올 줄 모르고
집집의 안부만 궁금하다

씀바귀, 무언의 노래

한 줌 흙만 있어도
뿌리 내리는구나
꽃 피우는구나
척박한 땅 원망한 내가
엄살로 건넌 내가
네 보기 부끄럽다

마지막 티끌까지 걸러내어
마침내 다다른 새하얀 피

이제야 알겠구나
봄날이 저물도록
무언의 씨앗으로 찾아와
문 두드리던
네 뜻

맥문동

새벽, 보랏빛 안개 사이로
슬쩍 찔러 오는 눈빛
놀랍구나,
무심히 지나치던 사이
수천 개의 세상 일제히 열렸구나
잔잔한 웃음밭이구나

꽃방망이 가득 함부로인 듯 매달렸지만
욕심도 다툼도 없다오
곧은 뜻, 직립으로 가지런히 세워
하나가 되었다오
동초冬草로 버텨온 시간일랑 묻지 마오
함께 웃는 오늘만 보아 주오

산국

천지에 가득한 네 향기
된서리에 사라질까
수북이 따다 베개 속에 넣었더니
꿈결마다 돋아나는 새순
하, 꿈밭에 산국 만발하겠네

밥상을 차리며

가녀린 씀바귀꽃
무리지어 피니 보기 좋구나
부모 형제 다 거느리고
왁자지껄 웃는구나

나도 한시절은
시끌벅적 살았는데
지금은 나 혼자 숟가락 든다네

미장원 한담閑談

행여 들러 한 번쯤 품어줄까
밤이 되면 목욕 단장하고
허기진 기다림으로 밤 다 보냈다네
아침에 눈뜨면 이를 갈고 욕하고
일하러 가면서도 분하고 억울해서
보기만 하면 물어뜯고 싶더라네
그래도 밤이면 또 기다리고
그렇게 평생을 기다려도 안 오더라네
집안행사 때나 겨우 볼 수 있는 남편
친척들이 몰아넣어
할 수 없이 이뤄진 몇 번의 밤 끝에
요행이 삼남매를 두었다네
다 늙은 지금
할마이는 그래도 영감 불러 같이 살고 싶지만
자식들이 절대 반대라
영감 할마이 각각 혼자 산다네

아침 스케치

도마 위로 쏟아지던 햇살
작은 창문에 스케치하기 바쁘다

화가 났나
차 열쇠 쥔 엄마 잰걸음 뒤로
입이 쑥 나온 아이 투벅걸음을 그리고,
차 안으로 신주머니 던지며
기어드는 열 살 머슴아,
다락같은 유세도 그린다

아침 햇살 웃음보 터지는데
나물 무치던 할미
손이라도 흔들어 줄거나

저무는 아침

서리 하얀 아침 핑, 핑,
홍보명함 날리며 달아나는 오토바이 소리에
하루가 열린다

땅만 보고 기는 듯 걷는 할머니
떨어진 명함을 줍는다 핑, 핑,
조금씩 차는 까만 비닐봉지
오늘은 가득 채우려나

가쁜 숨 제쳐두고
저 먼저 나가는 눈길 끝에
낯선 봉지 하나 불룩하다
저 영감 또 내꺼 가져가네,
주저앉은 할머니 구부러진
아침이 저문다

상록원 등굣길

뒤틀린 몸
꼬인 걸음 걷는 여학생
땀에 젖은 단발머리 이마에 모숨모숨

두 팔은 병아리 날개로 파닥파닥
반半 기마騎馬 걸음 휘청휘청
크로스 가방 위태위태

눈앞의 학교 아득해도
교문 향한 눈빛은 반짝,
세상 가운데로 날아간다

* 상록원…대구광역시 산격동에 있는 뇌성마비복지센터

풍경 1

파지 한아름 끌어안고
승강장 긴 줄 꽁무니에 선다
앞사람까지 태우고 닫혀 버리는 문,
달아나던 버스
얼마 못 가 신호등에 걸린다
허둥지둥 쫓아가 문 두드려 보지만
꿈적도 않는다

풍경 2
– 물리치료 대기실에서

뒤뚱 뒤뚱
주춤 주춤
자작 자작
털퍽 털퍽
절룩 절룩
아이구구

풍경 3
- 고속도로 휴게소에서

고속도로 휴게소 화장실
다급하게 줄을 서는데
왁자지껄 시끌벅적 한순간에
잠재우는 소리

밑이 엄버지기 만하나, 종이는 와 안 애끼고 둘둘 뭉치가 뚜듯 마듯 내삐노, 서넛이 갈라 써도 남겠다, 나랏돈은 돈 아이가, 니 돈 내 돈 모이가 나랏돈이지

입심 센 할매 덕에
웃음은 터지지,
화장실은 더 급하지,
죽을 뻔 했네

풍경 4
– 호국원 추석 성묘

접수해놓고 차례 기다리며
제례실 안을 둘러본다

과실만 놓고 절하는 사람
향만 피워놓고 기도하는 사람
주과포 갖춘 사람
비닐봉지 하나 뜯어놓은 사람
푸짐하게 차린 사람
반바지에 슬리퍼 끌고 와서 절하는 사람
단정하게 갖춰 입은 사람
무릎만 바닥에 붙이고
엉덩인 번쩍 들고 절하는 사람
절할 때마다 엉덩이가 보일 것 같은
골반바지 여인

어리둥절 조상님들

천태만상 구경하다

자손 절 못 받으실라

6부 비 오는 봄날의 나들이

56kg의 노구가 가마에 실려 가자니 마음이 착잡해졌다. 앞에 선 가마꾼의 숨소리는 잘 모르겠고, 뒤에서 멘 사람은 연신 헉헉거리면서 힘겨운 숨소리를 내뱉고 있었다. 그 소리가 귓전에 스치는 바람에 너무도 안타까워 많은 생각을 하게 되었다. 같은 사람인데 돈이 사람을 편하게 하기도 하고 괴롭히기도 한다. 돈을 떠나서 이렇듯 폐를 끼쳐도 되겠는가. 내 기억에는 어머니 등에 업혀 본 이후 사람에 의존해 내 몸을 이동해 본 적이 처음인 것 같다. 미안하고 죄송했다. 길가에 걸어가는 사람들의 시선도 부끄럽고 창피했다.

길에서 길을 보다

– 칠팔령七八嶺 첫 산행

다리가 후들후들 떨려 내려오기가 더 어렵다. 네 발로 기다시피 내려오자니, 어쩌면 행복한 웃음으로 시작한 내 시 공부도 이 길처럼 갈수록 힘들지 모르겠다는 생각이 든다.

암담하다. 설렘과 걱정을 한꺼번에 지고 나섰는데, 막상 주차장에서 팔공산을 올려다보니 기가 막힌다. 밀려오는 이 암담함, 올라보지 않고는 결코 없앨 수 없는 두려움일 것이다. 그 막막한 두려움에 아예 일행들 중 선두에 서 본다.

동화사 일주문에 들어서기 전 왼쪽으로 난 작은 길, 염불암 이정표를 따라 숨찬 오름길을 본격적으로 오르기 시작한다. 얼마나 올랐을까. 온 길 750m, 염불암까지 1,500m 라는 이정표가 무심하게 서 있다. 체력은 이미 다 소진 되었는데 염불암까지는 아드-윽하기만 하다. 나무며 바위며

볼 것도 많겠지만 고개 들어 풀 한 포기 둘러볼 여유가 없다. 걷는 데만 골몰해 사력을 다해 걷고 또 걷자니 눈에 보이는 건 내 발끝뿐이다. 평소 퇴행성관절염이 있는 무릎과 척추협착증으로 산에 오르기가 쉽지 않을 것이라는 것을 예상은 하고 있었지만 그래도 도전해 보고 싶었다. 그런데 걱정했던 무릎과 허리도 애를 먹이지만, 숨이 찬 것이 더 문제다. 이백삼십 여 계단을 올라가다 보니 숨을 감당 못해 깔딱, 넘어갈 것만 같다. 내딛던 발을 걸쳐 놓고 긴 숨을 몰아내는데 가녀린 산동백이 눈을 마주친다. 오냐, 힘내마.

다시 오르고 올라 계단길이 끝난 지점에서 또 가쁜 숨을 고른다. 경사는 좀 있어도 이제부턴 계단이 아닌 평탄한 오르막길이란다. 깔딱고개가 있다더니 좀 전에 지나온 그곳인 모양이다. 이제 크게 힘든 곳은 없겠지 하며 걷는데, 그게 아니다. 걸어도 걸어도 절은 보이지 않는데, 사람들은 자꾸만 다 왔다고 한다. 중간 중간 휴식을 취해도 컥컥 막혀 오는 숨, 땅에 붙어 떨어지지 않는 발……. 그래도 여기까지 온 게 어디냐 자찬하며 다시 걸음을 옮긴다. 하긴 염불암은 팔공산 암자들 중에서도 제일 높은 곳에 있다고 하니 오르기가 어디 쉽겠는가.

얼마나 지났을까. 절 지붕이 눈에 잡힌다. 나도 모르게 미소가 인다. 절을 바로 앞에 두고도 또 쉬기로 한다. 길가 작은 바위에 걸터앉아 올라온 쪽으로 눈을 돌리니 그제야

지나온 풍경이 보인다. 주위도 좀 살펴가며 걸었더라면 좋았을 걸 어찌 그리도 힘이 들던지. 코앞만 보며 정신없이 달려온 내 인생길과 흡사하다. 기운이 좀 있을 때 왔더라면 고생을 덜했을 테지만 지금이라도 용기 내어 온 것이 스스로 대견하고 다행스럽다. 늦었다 싶어도 포기하지 않고 시작하는 것이 용기 아니겠는가.

평생 하고 싶던 시 공부를 지난해 초에 시작했다. 둔한 감성이지만 행여 반짝이는 사금파리 하나라도 건질 수 있을까 싶어 읽고 쓰고 지우고 다시 써 본다. 그런다고 무슨 신통한 게 걸려들까 마는 두꺼운 돋보기 콧등에 걸치고 뒤늦게 배운 느려터진 컴퓨터 실력으로 툭탁거리자니 모든 게 만만치가 않다. 그래도 한발한발 시 속으로 빠져드는 요즘이 행복하다. 이 순간들이 지나간 내 시간까지도 의미 있는 삶으로 만들어 줄 것 같다.

하늘을 찌를 듯 버티고 선 우람한 낙락장송을 보고 한 일행이 걸림 없이 큰 나무라 칭찬한다. 오직 하늘만 향한 심지가 돋보이긴 하지만 요즘의 난 왠지 휘어진 가지의 여유와 아름다움, 그 아름다움이 품고 있는 아픔에게 더 정이 간다. 마음의 품을 한껏 내어주고 싶다. 일주문 없이 언덕 위에 있는 절이라 마당이 빤히 보인다. 하지만 임산부 배처럼 불룩한 시멘트 오름길이라 네 발로 기다시피

오를 수밖에 없다.

드디어 천년고찰 염불암이다. 바깥마당에 올라서고 보니 법당이 있는 안마당으로 향한 이십여 계단이 또 버티고 있다. 그 긴 산길을 힘들게 여기까지 걸어왔는데, 이 작은 계단 앞에서 다시 겁이 덜컥 난다. 고단한 일생을 살아오고도 일상의 작은 일 앞에서 쉽게 움츠러드는 소심한 나를 여기서 다시 본다. 일단 감로수로 갈증부터 해결한다. 꿀맛이다. 그 감로수의 힘으로 계단을 오른다.

드디어 염불암 안마당이다. 나는 빈 몸으로도 이렇게 힘이 드는데 이 높은 곳까지 절 지을 자재들을 어떻게 운반했을까. 대단한 정성이고 불심이라고 감탄이 절로 나온다. 극락전 앞마당에 아담한 청석탑은 처음 보는 모양이다. 벼루를 만드는 흑색 점판암으로 쌓은 돌탑이라는데, 몸체는 어디 가고 지붕돌 10층만 남아 여기저기 작은 돌을 괸 채 위태롭게 서 있다. 그 오랜 시간 저 자리에서 얼마나 많은 사람들을 만나고, 그 사연들에 귀 기울였을지……. 깨어진 판석이 말하는 세월의 무게가 새삼스럽다.

법당에 들렀다가 뒤편 마애부처님을 뵈러 간다. 일단 혼신의 힘을 다해 올라온 정성을 모아 합장삼배로 세상 모든 자식들의 무고 안녕을 빈다. 그리고는 내 자식들의 앞길 살 지켜 달라는 소망을 덧붙여 간절히 빌고 또 빈다. 속세에 발붙이고 사는 미욱한 어미라 어쩔 수 없는 모양이다.

마애부처님은, 음각이라고는 해도 이 거대한 화강암에 부처님을 조각하자면 숱한 어려움과 난관이 있었을 게다. 추울 때 더울 때 눈비 올 때의 고생은 말할 것도 없고 배고픔은 또 어떻게 달랬을까. 그 석공 역시 부처임에 틀림없으리라. 그런 공덕이 있으니 지금까지도 사람들이 찾아오는 것 아니겠는가. 설사 절을 하지 않더라도 이 앞에선 어지럽게 날뛰던 마음이 차분히 가라앉을 것 같다.

일행들이 하산하자고 한다. 올라올 때와 달리 양진암 쪽으로 방향을 잡는다. 내려오는 길도 만만치 않다. 갈지자之길을 내려딛고 또 디딘다. 쇠말뚝을 두 개씩 박아 그 위에 통나무를 걸치고 흙을 가두어 만든 계단이다. 얼마나 밟혔는지 나무는 다 바스라지고 쇠말뚝만 남아 있다. 여기저기 흙 위로 드러난 나무뿌리들도 하산 길을 위태롭게 하기는 마찬가지다. 올라가기만 하면 되는 줄 알고 내려올 일은 걱정도 안 했는데, 이미 힘이 풀려버린 다리가 후들후들 떨려 내려오기가 더 어렵다. 네 발로 기다시피 내려오자니, 어쩌면 행복한 웃음으로 시작한 내 시 공부도 이 길처럼 갈수록 힘들지 모르겠다는 생각이 든다.

양진암까지 와서야 평탄한 길을 만났지만 이미 지쳐버린 몸이라 끌고 오기도 힘이 든다. 그래도 칠팔령七八嶺(78세)에 첫 산행을, 그것도 동화사 염불암을 무사히 다녀오고 보니 기분은 청년이다.

정상을 중심으로, 오르는 것은 젊음이요 내려가는 것은 노년이라 할 수 있다. 어른 노릇하기가 더 힘들다더니 오늘 팔공산이 또 한 번 그 말을 증명해 보인다. 그래도 고맙다. 팔순을 코앞에 둔 나를 넉넉히 받아주니.

2011년 5월

비 오는 봄날의 나들이

아궁이 불로 따끈해진 아랫목에 엎드려 문 밖 봄비 구경을 하면 운치가 있겠지요. 햇살 좋은 날 마당에 부딪히며 반짝이는 햇빛을 바라보는 것도 일품일 것 같습니다.

대불문화대학 한문반에서 봄소풍 가는 날입니다. 안타깝게도 아침부터 날씨가 우중충합니다. 물론 걱정스런 마음에 우산은 준비했습니다. 지금까지는 주로 가까운 북대구나들목을 이용해서 고속도로로 진입했는데, 오늘은 팔공나들목으로 들어섰습니다. 익숙하지 않은 경치가 눈에 들어옵니다. 팔공산 자락이라 그런지 조경에 공이 많이 들어서인지 시야가 확 트이고 속이 시원합니다.

의성나들목으로 나와 청송 송소고택을 향해 국도를 달렸습니다. 길가에는 민들레며 꽃다지, 냉이 등 온갖 들꽃들이 피어 있습니다. '의성마늘'이라는 이름답게 의성엔 온통 마늘밭입니다. 풋푸른 초목들과 나무꽃과 풀꽃들이 경쟁하듯 피어나고, 흐르는 물소리도 한 몫 흥을 더합니다. 양지쪽의 벚꽃은 이미 낙화가 시작됐지만 응달쪽에서는 한창 피어나고 있습니다. 주위 산의 진달래와 산벚꽃, 마을의 살구꽃, 건너편 산자락의 조팝꽃들이 무더기무더기 피어나고 있습니다. 살아있는 그림 같은 풍경들이 차창으로 다가왔다가, 이내 스쳐 달아나는 바람에 풍경을 쫓는 눈이 바쁩니다. 버스가 작은 다리 건너 돌아서는데 산기슭에 무리지어 피어있는 살찐 냉이꽃들이 미어캣처럼 하얗게 쫑긋거리고 있습니다. 그 모습이 하 예뻐서 '너도 참 아름다운 꽃이로구나' 치하를 했습니다.

버스가 고개 위에 있는 어느 쉼터에 들어섭니다. 엉거주춤 뒤를 돌아보니 구불구불 올라온 길이 말없이 엎드려있습니다. 우리네 인생길도 저와 같겠지요. 사방이 산으로 둘러싸인 그곳에서 잠깐 내립니다. 절로 노래가 나옵니다.

나는 수풀 우거진 청산에 살으리라
나의 마음 푸르러 청산에 살으리라
이 봄도 산허리엔 초록빛 물 들었네
세상 번뇌 시름 잊고 청산에 살으리라
길고 긴 세월동안 온갖 세상 변하였어도
청산은 의구하니 청산에 살으리라

김연준의 '청산에 살으리라'를 속으로 불러보며 감상에 잠겨 봅니다.

잠시 멈춰 섰던 버스는 다시 송소고택을 향해 갑니다. 가랑비는 오락가락하고 군데군데 산허리엔 운무가 감겨 산속으로 난 국도의 운치가 기가 막힙니다. 저 깊은 골에는 고사리가 쑥욱쑥욱 올라와 있지 않을까, 행여 채미자가 있지는 않을까 자꾸만 살피게 됩니다.

구불구불 여러 고개를 넘어 마을 앞에서 작은 시내를 끼고 들어서는데 우람한 거목이 떡 버티고 서 있습니다. 이 마을 지킴이인가 봅니다. 버들과의 나무로구나 생각하고 있는데, '떡버들'이라고 동행하신 선생님께서 가르쳐 주십니다.

드디어 송소고택에 다다랐습니다. 고택 앞에 세워진 안내문에는, 조선 영조 때 만석의 부를 누린 심처대沈處大의 칠세손인 송소松韶 심호택沈琥澤이 지은 집이라 되어있습니다. 중요민속자료 제250호이며 1880년대에 지었다는 건축물에 대한 설명만 있고 송소의 벼슬이나 공덕에 대한 설명은 없습니다. 자세한 내력은 알 수 없어도, 9대에 걸쳐 만석의 부를 누렸던 가문답게 규모 있게 지어진 집으로 보입니다. 그 시절에 그만큼 오랫동안 부를 누렸다는 것은 재물을 많이 모으기만 한 것이 아니라, 덕을 베풀어 사람들에게 인심을 잃지 않았다는 뜻이겠지요.

고택은 각자 독립된 마당을 가진 대문채, 안채, 사랑채, 작은 사랑채, 별채 등의 건물들로 이루어져 있었습니다. 비안개 속에 아득하게 서 있는 건물들은 이리저리 이어진 담장과 문들로 저마다 다른 공간을 만들고 있습니다. 깨끗하고 관리가 잘되어 있어 보는 이도 덩달아 차분하고 안정되는 기분입니다. 고택체험으로 예약하면 숙박도 가능하다고 하니, 며칠 묵고 싶어집니다. 아궁이 불로 따끈해진 아랫목에 엎드려 문 밖 봄비 구경을 하면 운치가 있겠지요. 햇살 좋은 날 마당에 부딪히며 반짝이는 햇빛을 바라보는 것도 일품일 것 같습니다. 한밤의 고요, 창호지 밖의 바람 소리, 빗소리 등등 고택이 들려주는 온갖 소리들도 참 좋을 것 같습니다. 그것들을 마음속으로만 그려보며 아쉬움을 뒤로하고 돌아섭니다.

송소고택을 떠나 영덕 삼사해상공원으로 향합니다. 가는 길가에 복숭아밭이 유난히 많이 보입니다. 양달에 있는 복숭아밭은 복사꽃이 활짝 피었지만 응달에는 아직 덜 피었습니다. 평지도 산언덕도 온통 복숭아밭입니다. 복숭아밭은 책을 펴서 30도쯤 뒤로 기울여 세워 놓은 모양의 계단식으로 일구었는데, 비가 내리면 빗물이 계단을 타고 책을 펴놓은 골 아래쪽으로 흘러 파 놓은 소에 모을 수 있도록 설계되어 있었습니다. 그렇게 모은 빗물은 갈수기에 쓰기 위함이겠지요. 그 지혜에 감탄이 절로 나옵니다. 아름다운 복사꽃밭 가까이 와서도 추적추적 내리는 비 때문에 내리지도 못한 채 차 안에서 바라만 보며 지나갑니다. 비에 지는 꽃잎들을 아쉽게 바라봅니다. 군데군데 배밭, 사과밭, 복숭아밭이 섞여 차례로 피어나니 꽃길이 더욱 아름답게 오래 이어집니다. 이화우梨花雨를 노래하던 매창梅窓이 이 모습을 보았다면 또 어떤 시조를 남겼을까요.

영덕 삼사해상공원에 도착했습니다. 비 때문에 바다가 우울하고 무겁습니다. 먼 길을 달려왔건만 바다가 반갑지를 않습니다. 다소 을씨년스럽기도 하고 한기도 들어서 바다가 지척에 있었지만 선뜻 다가가지 못하고 멀리서 잠시 눈인사만 하고 돌아섰습니다.

다시 봄비 속을 달려 경주 양동마을에 들어섰습니다. 타임머신을 타고 부유한 양반촌에 온 듯합니다. 추녀가 두터운 초가집만 해도 오래됨과 넉넉한 살림살이를 상징하는데, 하물며 기와집들이야. 산위에서부터 층층이 내려 지은 마을의 배치도 돋보입니다. 하지만 날씨 때문인지, 노신老身 노심老心 때문인지 다 둘러보지도 못하고 그냥 마을 한쪽에 자리 잡고 앉아 마을의 풍광을 바라봅니다. 날씨 좋을 때 아이들하고 다시 한 번 와서 찬찬히 둘러봐야겠다며 아쉬움을 달랩니다.

인근에 있는 옥산서원으로 이동을 했습니다. 주차장에

서 내려 맑은 시내 위의 작은 다리를 건너는데, 오른쪽 언덕에 길게 옆으로 뻗은 큰 나뭇가지가 눈에 들어옵니다. 그네를 매면 참 잘 나아갈 것 같습니다. 어린 시절 그네를 뛰던 모습과 기분이 바람처럼 잠깐 스쳐지나갑니다. 깔깔대며 그네를 뛰던 것이 어제 일만 같은데 아득하게 세월이 흘렀습니다. 그네를 타고 하늘을 날던 작은 계집아이는 어디로 가고, 피로한 늙은 몸을 이끌고 웬 할머니가 이렇게 서 있네요.

날씨가 좋았다면 서원 앞을 흐르는 작은 계곡의 세심대에서 피로한 다리도 좀 쉬고 고단한 마음도 싸악 씻고 왔으면 좋으련만…… 아쉽습니다.

회재 선생의 옥산서원은 풍광이 아주 좋습니다. 옆으로 난 작은 문을 통해 서원 마당에 들어서자 커다란 향나무가 눈길을 끕니다. 서원의 역사만큼이나 오래된 듯한 향나무 두 그루가 서원을 지키고 서 있네요. 옥산서원의 현판을 건 구인당을 중심으로 좌우로 동재와 서재가 서 있고 무변루가 그 전면에 자리 잡고 있습니다. 탁 트이고 시원한 느낌을 주는 병산서원과는 달리 아늑하고 안정된 느낌의 건물 배치입니다. 구인당의 저 넓은 대청마루에서 스승과 제자들이 마주 앉아 학문을 닦았겠지요. 이 마당을 오갔을 옛사람들을 생각해봅니다. 서원이 원래의 기능을 잃어버리고, 이렇게 사람들의 구경거리가 되어버린 것이 아련하게 아픕니다.

하루 만에 많은 곳을 돌아다녔습니다. 농사에는 필요한 봄비지만 오늘 우리 행보에는 좀 방해가 됐습니다. 나들이와 비, 결코 좋은 궁합은 아니지요. 하지만 나들이의 불편함 때문에 '방해'라는 생각을 하고 보니 비님께 죄송해집니다. 화창한 봄날만 맛이겠습니까. 비오는 봄날 나름대로 기가 막힌 정취도 있으니까요.

2008년 4월

단풍 기행

하 선생님께 여쭈었더니 '물 졸졸 흐르는 모양 짐'자로, 세필짐은 선비들이 공부를 마치고 붓을 씻던 곳이라고 설명을 해주셨습니다. 그러고 보니 그 물 흐름이 얼마나 더 정감 있고 재미있던지요.

화창한 가을, 대불노인대학 한문반에서 답사 겸 단풍놀이를 떠났습니다. 금원산, 수승대, 안의계곡, 장수사지 조계문, 용추사, 용추폭포, 농월정을 둘러볼 예정입니다.

금원산은 거창군 마리면, 위천면과 함양군의 안의면에 걸쳐 있는 덕유산의 지산이라고 합니다. 금원산은 계절마다 풍광이 다른 것 같습니다. 작년 여름에도 와봤는데 짙푸른 녹음과 시원한 물줄기가 좋았습니다. 그때는 늙은이가 걷기에 너무 덥고 갈증도 나서 힘이 많이 들었습니다. 그러나 이번에는 날씨도 선선하고 화창해서 아이들 말처럼 기분 '짱'이었습니다. 가쁜 숨 몰아쉬며 쳐다본 금원산은 말 그대로 금수산이었습니다. 계절은 올해도 어김없이 온 산천에 두루 비단옷을 입혀 놓았습니다. 진한 수목의 향에 도회에서 찌든 심신이 말끔히 씻겨나가는 듯 했습니다. 흐르는 냇물에 떠있는 곱게 물든 단풍잎을 보며 '청산은 내 뜻이요 녹수는 임의 정이……'이라던 황진이의 시조를 한 수 읊어 보았습니다.

다음 경유지는 수승대입니다. 먼저 현수교를 건너 수변길을 따라 요수정에 도착했습니다. 편액을 보고 '악수정'이니 '락수정'이니 더듬거리고 있는데, 동행하신 하장수 선생님께서 이 경우에는 '좋아할 요, 즐길 요'자로 쓰니 요수정樂水亭이라고 가르쳐주셨습니다. 요수 신권 선생이 울창한 송림과 건너편의 풍광을 한눈에 안을 수 있는 곳에 정자를 짓고 당신의 호를 따서 요수정*이라 하였답니다. 여유와 즐거움이 충만한 심정으로 큰 숨 한 번 내쉬고, 눈 감고, 미소 지으며 선현들의 흉내를 내보았습니다. 산 좋고, 물 좋고, 바위 좋고, 정자 좋고, 동행한 스승님 좋고, 벗님 좋고, 날씨까지 더하니 더 이상 부러울 것이 뭐 있겠습니까. 요수정을 돌아 구연교를 만났습니다. 무지개형 작은 층계다리는 어느 예술가의 혼을 담았는지 정교하고 아담한데, 언제 적 누구의 작품인지는 알 수가 없었습니다.

물위에 떠 있는 듯 기이한 암구대는 또 얼마나 우람한지

---

* 요수정 : 경남유형문화재423호

요. 수승대의 중심 명물로 이름하고도 남을 만큼 그 몫을 톡톡히 하고 있었습니다. 하 선생님께서, 거북을 닮은 바위라 하여 암구대라 부르는데, 백제 사신을 신라로 보내며 송별하던 곳이라 수송대愁送臺로 불리다가 1543년 퇴계 이황이 다녀가서 산자수려함을 격찬하는 시를 보내와 수승대搜勝臺로 부르게 되었다는 이야기를 들려주셨습니다. 작은 바위 두 개 사이로 흐르는 물에도 이름 지어 '세필짐'이라 한자로 새겨져 있었습니다. 삼수변氵에 나짐朕을 부쳤는데 읽을 줄 몰라서 또 한문반 지도강사이신 하 선생님께 여쭈었더니 '물 졸졸 흐르는 모양 짐'자로, 세필짐은 선비들이 공부를 마치고 붓을 씻던 곳이라고 자세한 설명을 해 주셨습니다. 그러고 보니 그 물 흐름이 얼마나 더 정감 있고 재미있던지요.

관수루*觀水樓는 영조 때 안의현감 조영우**가 구연서원龜淵書院을 보호하기 위해 세운 남쪽 문루라고 합니다. 너럭바위 위에 도도히 버티고 서 있는 관수루의 위용 앞에서 또 찬사가 절로 터져 나옵니다. 이층구조의 목조 조성도 찬란했고 자연 그대로의 재목을 써서 비틀어진 모양의 기둥은 더 힘차게 보였습니다. 구연서원에 들어서니 시방도 낭랑하게 글 읽는 소리가 들림직한데 선현들은 간 데 없고, 옛 자취 더듬으러 온 객들만 소란하여 서당을 어지럽

* 관수루 : 유형문화재 422호

** 조영우 : 조선 후기 문인화가

히지나 않을지 조심스럽게 발걸음을 옮깁니다.

서당 앞 산고수장山高水長비의 거대한 위풍 앞에선 숙연해졌습니다. 비석은 아무나 임의대로 크게 할 수 없다고 합니다. 그 인물의 인격과 업적에 비례하여 결정한다고 합니다. 신권 선생은 조선조 중종 때 문장가로, 이곳에 낙향하여 은거하면서 정자와 서당을 짓고 후학들에게 학문을 전했는데 그 뜻을 기려 후대 사람들이 '학문은 산보다 높고 물보다 길다'고 칭송한 비석을 세웠다고 합니다.

노란 은행나무와 붉은 단풍이 잘 어울려 더욱 고운 그곳에서의 점심은 과히 잔치판이라 호호낙락이었습니다.

안의계곡 용추사 주차장에 내렸습니다. 주차장에서 정면으로 올려다 보이는 언덕에 '덕유산장수사조계문*德裕山長水寺曹溪門'이라는 현판이 걸린 일주문이 덩그러니 서 있습니다. 아무것도 없이 휑한 이 언덕이 신라 소지왕 9년에 각연대사가 창건한 장수사지長水寺止라고 합니다. 그 규모가 해인사에 버금갔고, 기거하던 승려만도 200명에 달하는 대찰이었다고 합니다. 의상, 원효, 무학, 서산대사 등 많은 고승들이 수도한 유명한 가람이었으나 임진왜란과 6.25전쟁으로 인하여 불타고 폐허에 일주문인 장수사 조계문만 덩그러니 남아 옛 영화를 증명하고 있습니다. 지나는 사람들 대부분은 관심 없이 지나칩니다. 그래서 더 무

* 덕유산 장수사 조계문 : 경남 유형문화재54호

상함이 느껴집니다. 장수사 조계문은 직경이 1미터나 되는 두 기둥 위에 화려한 팔작지붕을 올린 건물인데 그 한쪽 기둥은 싸리나무이고 다른 한쪽은 칡넝쿨이라고 합니다. 싸리나무도 그렇지만 어떻게 칡이 저렇게 굵게 자랄 수 있는지 신기하기만 합니다. 정교하고 화려한 지붕의 장대함에 비해 좌우를 떠받친 굵은 기둥이 오히려 작아 보였습니다.

용추사는 원래 장수사의 부속 암자 중 하나였다가 지금은 해인사의 말사라고 합니다. 용추사가 가까워질수록 우렁찬 폭포소리와 독경소리도 함께 가까워지니 선계에 들어선 듯 일상의 무게가 조금은 덜어지는 것 같습니다. 법당을 향해 공손히 합장했습니다. 이곳은 몇 년 전에도 와 본 적이 있는데 그때보다 사찰의 규모가 훨씬 커졌습니다. 용추사 바로 아래에 있는 계곡의 용추폭포는 수량도 많고 소도 깊어 주변 단풍과 어우러지니 더욱 아름다웠습니다. 바로 이곳이 선경인 듯했습니다. 시원스럽게 쏟아지는 계곡의 물소리와 맑은 바람에 이은상 선생의 '옛 동산에 올라'가 절로 흥얼흥얼 새어 나왔습니다.

오는 길에 농월정弄月亭 유원지에 갔더니 농월정은 간 데 없고 객을 기다리는 상가들만 즐비하게 서 있습니다. 오랜 세월, 이 아름다운 화림동 계곡 달빛 아래 서 있던 정자가 한순간 실수로 불타버리고, 지금은 그 이름에 기댄 유원지가 되어버렸습니다. 말 그대로 달밤에 왔더라면 흐르는 물과 드넓은 강변에서 크고 작은 바위들에 섞여 달 노래에 취해 봤을 텐데 하는 아쉬움이 내내 남습니다. 하지만 내가 여기에 없어도, 농월정이 여기에 없어도, 달빛은 단풍 든 가을계곡을 희롱하며 밤을 보내겠지요.

오늘의 기행은 오래도록 추억으로 남을 것입니다.

2007년 10월

학동마을 답사기

사랑채 뜰에도 화강암 기단 위에 돌을 깎아 만든 세숫대야가 있어 눈길을 사로잡았지요. 테두리가 도도록하게 돌려져있어 특이했습니다. 만석꾼의 위용이 곳곳에서 빛이 난다고나 할까요.

조용히 들어앉은 마을입니다.

큰 둥구나무와 돌담을 두른 옛집들이 마을의 오랜 역사를 말하고 있었습니다. 학동마을은 전주최씨 안렴사공파 집성촌이라고 합니다. 이곳은 바다가 가까워서 굴양식도 하고 취나물이나 키위 등을 재배해서 생활한다고 하는데 마을 안에서는 바다가 보이지 않았습니다. 대숲이 우거진 산으로 둘러싸여 굴양식 장구만 눈에 안 뜨였으면 어촌인 줄 모를 뻔했지요.

사전에 여성회관 측에서 연락을 해놓고 갔기에 마을 이장이 안내를 잘해 주었습니다.

가장 눈에 뜨이는 것은 독특한 담장 길이었습니다. 시루떡 고임새처럼 두 자 정도를 청석만으로 예쁘게 쌓은 다음 그 위로 흙 한 켜, 돌 한 켜, 흙 한 켜, 돌 한 켜 방식으로 쌓아 올린 것이었습니다. 아래쪽을 청석으로 쌓은 이유는 빗물 따위가 튀어 담장이 무너지는 것을 방지하기 위함이라는군요. 담장 맨 위에는 큰 판석을 얹어 지붕을 만들어놓았습니다. 이 역시 중간층에 섞인 흙을 빗물로부터 보호하기 위한 지혜라고 합니다. 집집마다 그런 담을 두르고 있었습니다. 그런데 가만히 보니 뭔가 낯선 느낌이 듭니다. 이리저리 구불구불하게 이어지는 여느 옛 돌담들과는 달리, 이 마을의 모든 돌담은 직선으로 되어 있었습니다. 매우 보기 드문 경우였습니다. 색다른 느낌이 듭니다. 그래서인지 이곳 옛 담장은 대한민국등록문화재 제258호로 지정되어 있다고 합니다.

마을 뒤가 산인지라 경사진 집터를 수평으로 돋우는 데에도 판석을 이용하여 시루떡 괴듯 기단을 쌓고 그 위에 집을 지었습니다. 우리나라에 돌담마을이 몇 군데 있지만 이런 청석돌담은 이곳뿐이라고 합니다. 이곳 수태산에서 채취된 판석과 황토를 결합해서 건물의 기단, 석축, 돈대까지도 시루떡 고임새로 쌓아 그 모양이 특이하고 예스러움이 돋보였습니다. 전 문화재청장 유홍준 선생도 극찬했다고 하는 아름다운 담장 길을 걸으니 시조 한 수가 떠오릅니다.

고인도 날 못 보고 나도 고인 못 뵈

고인을 뵈도 녀던 길 알페 잇네

녀던 길 알페 잇거든 아니 녀고 어쩔고

- 퇴계 이황

이장을 따라 돌담길을 걸어 어느 집 문으로 들어섰습니다. 아흔아홉 된 할머니 댁이었는데 열여섯에 결혼해서 자식 하나 없이 살다가 예순에 남편과 사별한 후 홀로 집을 지켜왔다고 합니다. 사랑방 문 위에 좌이서원左耳書院이란 빛바랜 작은 편액이 걸려있었습니다. 한때는 글 읽는 소리도 나고 의관 갖춘 선비들의 출입도 빈번했을 듯합니다. 그러나 지금은 넓은 마당에 화려하게 핀 화초들까지도 손길 받지 못한 표시가 그대로 났습니다. 후덕한 모습의 할머니가 방문객들과 이런저런 이야기를 나누고 있는 것을 보니 어쩐지 가슴이 저려왔습니다. 할머니께는 죄송한 생각이지만 자손들의 보살핌을 받지 못한 채 장수한다는 것은 결코 부러운 일이 아닌 듯했습니다.

할머니 집을 나와, 지방문화재 187호로 등재된 최영덕 선생의 집을 찾아갔습니다. 솟을대문을 밀고 들어서니 사랑채가 보였습니다. 사랑채 기단이 청석이 아닌 화강암으로 되어 있어 만석꾼의 영화가 엿보였습니다. 특히 사랑채 뜰에도 화강암 기단 위에 돌을 깎아 만든 세숫대야가 있어 눈길을 사로잡았지요. 테두리가 도도록하게 돌려져 있어 더욱 특이했습니다. 만석꾼의 위용이 집 곳곳에서 사용한 화강암으로 인해 더욱 빛이 난다고나 할까요. 사랑채 앞면 일곱 칸 중 오른쪽 두 기둥과 왼쪽 기둥 둘도 화강암을 사용해 누마루까지 받쳐 지어져 있었습니다. 가운데 네 기둥은 기단 위에 한 자쯤 되는 원주형의 화강암을 써서 무게감을 더 하고 있었고요. 누마루 모퉁이의 돌림 조각도 예술적이었습니다.

안채도 꽤 높은 기단 위에 앉아 있었습니다. 하지만 아쉽게도 유리덧문이 모두 닫혀 있어 들여다 볼 수는 없었습니다. 안채 옆 쪽대문을 밀고 들어서니 감나무, 석류나무 등 여러 가지 유실수들이 있었습니다. 본디는 부속 건물들이 있었던 자리 같은데 지금은 취나물 밭이 되었습니다.

이곳에도 눈길을 끄는 것이 있었지요. 우물이었는데, 크고 긴 화강암을 우물정자 형으로 쌓아 올리고, 그 위에 납작한 사각 삿갓 모양의 화강암을 지붕으로 덮었더군요. 지붕 한 면에는 큰 구멍 하나 두 면에는 각각 작은 구멍이 하나씩 뚫려 있었고 한 면은 구멍이 없었습니다. 냉장고가 없던 시절 음식물 갈무리에 썼을 법한데 이 역시 지혜가 돋보였습니다. 금방이라도 우물가 아낙들의 두런거리는 말소리와 웃음소리가 들릴 것처럼 정겹습니다.

그 옆집은 전주최씨 종가였습니다. 대문 입구에서 넓은 마당을 지나 안채 기단에 이르기까지 방석만한 판석을 드문드문 놓아 비올 때를 대비한 것이 돋보였습니다. 이 집 역시 가슴 높이의 판석 기단 위에 여섯 칸 사랑채가 언뜻 보기에도 좋은 목재로 높게 지어져 있었습니다. 사랑채 앞의 곳간도 흙 하나 섞지 않은, 판석으로만 지은 아름다운 예술품이었습니다.

안채는 이보다 더 높은 이단 기단 위에 여섯 칸으로 앉아 있었고, 뜰 한쪽에는 판석과 찰흙으로 된 작은 성 같은 예쁜 닭장이 있었습니다. 이 집에서는 특히 가묘家廟가 관심을 끌었습니다. 판석으로 된 계단 위의 높은 돈대는 후원에서도 가장 높은 곳에 있었습니다. 기와지붕과 고운 단청이 어우러져 한층 위엄이 느껴졌습니다.

그런데 사랑채엔 시멘트 기와가, 안채와 곳간은 슬레이트 지붕이 올려져있어 의아했습니다. 삼백여 년 전 이 마을에 터를 잡을 때 지세가 '학이 알을 품은 형태'라 학이 날지 못할까봐 무거운 기와 대신 초가로 지었답니다. 이후 지붕 개량을 할 때 경비 때문에 어쩔 수 없이 그리 되었다고 종부가 설명을 해주었습니다.

경상남도에서 이 집을 문화재로 등재하기 위해 복원을 준비 중이라고 합니다. 복원이 잘 되고 문화재 승격도 되어 오래오래 유지되었으면 하는 마음으로 마을을 떠났습니다.

요즘은 살기 위해 한옥을 찾는 사람이 거의 없습니다. 하지만 학동마을에 와서 보니 한옥은 주거 목적 이상의 그 무엇이 있었습니다. 이곳 돌담에, 기단에, 선조들의 지혜가 고스란히 배어있고 우물이나 가옥 배치에서는 사람에 대한 배려가 그대로 풍겼습니다.

이렇듯 역사와 풍속과 조상의 슬기가 그대로 남아있는 한옥마을들이 잘 보존되어 후손들까지도 이 멋을 제대로 느끼고 숨은 아름다움과 지혜를 본받았으면 좋겠습니다.

2008년 6월

문화유적답사

답사여행을 다니면서 유명한 고찰이나 유적뿐만 아니라 놓여있는 작은 돌덩이에도 문화가 있고 수많은 사연이 있다는 것을 배웠습니다. 위인의 삶과 함께한 평범한 서민들의 삶도 생각해보게 되었습니다

매달 세 번째 화요일은 여성회관에서 문화유적답사를 가는 날입니다. 다음 답사여행 일정을 안내하는 엽서를 받는 순간부터 설레며 세 번째 화요일을 기다립니다.

문화유적답사반에 가입하게 된 것은 지금부터 9년 전입니다. 2003년도 11월에 가입해서 지금까지, 집에 제사가 들지 않는 한 한 번도 빠진 적이 없습니다.

그간 참으로 여러 곳을 다녔고, 일반적으로 잘 가기 어려운 곳도 견학을 했습니다. 무엇이라 말로 표현은 다 못하지만 정말 많은 것들을 배웠습니다. 혼자 가면 어디서부터 어떻게 보아야할지 몰라 그냥 휘 둘러보고 와서 참 경

치가 좋다고만 생각했을 것입니다. 지금은 혼자 가도 어디에서부터 어떤 순서로 살펴야 하는지를 조금은 알 것 같습니다. 일반관광은 가면서 오면서 버스 안에서 음악을 쿵쾅거리게 틀어놓고, 그 음악에 맞춰 내내 뛰면서 춤을 춥니다. 그러다가 목적지에 가서는 겅중겅중 보고 돌아와서는 잘 보고 왔다는 말 대신 '잘 놀고 왔다'고들 합니다. 하지만 문화유적답사는 많은 것을 보고 느끼고 배우는 여행입니다.

답사반을 이끄는 해설자 이현동 선생님은 KBS대구방송 '행복발견 오늘'이란 프로그램에 나오는 분입니다. 미끈한 인물에다 미소 띤 인상이 참 좋습니다. 언제나 친절하고 자세한 해설로 눈을 뜨고도 보지 못했던 것들을 보게 해주고, 문화유산에 담겨있는 의미와 이야기들을 들려주십니다. 우리는 언제나 선생님 뒤를 병아리 떼처럼 졸졸 따라다니며 말씀에 귀를 기울입니다.

사랑하면 알게 되고 알면 보인다고 하지요. 이때 보이는 것은 이전의 것과는 다르다고 했던가요? 하지만 사랑을 하기에는 문화유산에 대해 너무나 아는 것이 없었습니다. 그저 옛 것은 낡고 불편하니 새것으로 바꾸어야 하는 것인 줄로만 알았습니다. 낡은 것들은 다 걷어내고, 시멘트를 바르고 깨끗하게 페인트칠을 하는 것이 좋은 것인 줄 알았습니다. 하지만 답사여행을 다니면서 역사가 담긴 유명한 고찰이나 큰 유적뿐만 아니라 귀퉁이에 놓여있는 작은 돌덩이에도 나름의 문화가 있고 수많은 사연을 담고 있다는 것을 배웠습니다. 위인들의 삶과 함께한 평범한 서민들의 삶도 생각해보게 되었습니다. 그리고 역사와 시간 앞에 선 우리 인간의 삶을 이해하는 법을 조금이나마 배웠습니다. 어설프나마 예술의 미와 가치를 조금은 이해하게 되었고 위인들의 흔적과 공덕도 배웠습니다. 선조들의 솜씨와 노고에 머리 숙일 줄도 알게 되었습니다. 그리고 탑과 건물과 미술품만을 보는 것이 아니라 그것과 함께 숨 쉬며 살았을 당시 사람들에 대해서도 생각하게 되었습니다.

답사여행에서 돌아오는 길은 언제나 가슴 가득 무엇을 안고 오는 느낌입니다. 부자가 된 것이지요. 그리고 일상생활에서도 예전에는 미처 보지 못했던 많은 것들을 볼 수 있게 되어 삶이 더 풍성해졌습니다. 문화유적답사는 나에게 지나간 시간을 통해 현재를 살피는 눈을 뜨게 해주었고 마음을 열게 해 주었습니다. 새로운 세상을 열어준 산교육입니다. 감긴 눈과 닫힌 마음을 열어 깨어진 돌덩이 하나가 들려주는 작은 이야기도 들을 수 있게 해 준 이현동 선생님과 이런 문화유적답사반을 기획하고 만들어주신 모든 분들께 감사드립니다.

배다리 

긴 마루 길을 걷다가 마루 길 밑에 나란히 놓여진 배들을 보는 순간, '배다리가 바로 이거로구나' 하는 생각이 갑자기 용수철처럼 튀어나왔습니다.

다산초당을 두 번이나 갈 기회가 있었지만 한 번도 가지 못했습니다. 한 번은, 아침 일찍 땅끝 전망대를 아픈 무릎으로 올랐다 온 것이 무리였는지 걷기가 힘들어, 다산유물관만 견학하고 다산초당은 가지를 못하고 돌아왔습니다. 또 한 번은, 백도 흑산도를 가려다가 날씨관계로 못 가고, 대흥사 밖 마을에서 자고 다산초당을 갔을 때 입니다. 새벽에 대흥사 트래킹에 나섰더니 숲의 향기도 좋고 새벽공기도 싱그러웠습니다. 대흥사에 거의 다 갔지만 갑자기 탈진으로 절에는 들어서보지도 못하고 기진맥진하여 돌아와서 다산초당도 가지 못했습니다. 다녀온 일행들이 보고 온 자랑을 하니 못간 것이 많이 아쉬웠습니다.

그러다 이번에 남양주 다산 정약용 선생 댁으로 답사를 가게 되었습니다. 예전에 다산초당을 못 갔던 아쉬움을 뒤로 하고, 기쁜 마음으로 다산기념관, 실학박물관, 다산문화관을 돌아 나와 사랑채인 여유당 앞마당에 들어섰습니다.

예전에 정여창 고택을 답사한 적이 있습니다. 그 집은 솟을대문에 들어서서 높은 사랑채를 올려다보니 서슬 퍼런 불호령이 떨어질 것 같은 느낌이 들었었습니다. 그에 비해 나직한 다산 선생의 여유당은 방문하는 사람들에게 마루에 걸터앉아 좀 쉬어가라고, 방에서 다산 선생이 손짓을 할 것만 같았습니다.

아무 생각 없이 홍살문이 서 있는 긴 마루 길을 걷다가 마루 길 밑에 나란히 놓여진 배들을 보는 순간, '배다리가 바로 이거로구나' 하는 생각이 갑자기 용수철처럼 튀어나왔습니다. 나는 여태까지 그 생각을 왜 한 번도 해보지 않았을까요?

어릴 때 고향에 배다리라고 부르는 동네가 있었습니다. 그때는 어린 마음에 그냥 참 별나고 이상한 이름이라고 생각만 했지 그게 무슨 의미인지는 몰랐습니다. 그 의미없던 이상한 이름이 이렇게 갑자기 의미를 가지고 눈 앞에 나타났습니다.

그러고 보니 배다리를 생각할 수 있을만한 것들이 이것저것 있었는데, 왜 여태까지 그걸 몰랐을까요? 그리고 이번에는 어떻게 갑자기 알게 됐을까요? 배다리를 깨닫는 순간, 꼬리에 꼬리를 물고 생각나는 것들이 있었습니다.

6.25사변이 터지자 당시 대통령 이승만 박사가 남하하면서 인민군들이 따라 올까봐 한강철교를 잘라버리고 도망을 갔었지요. 그것도 모르고 피란민 행렬은 밀고 들어와 끊어진 다리, 갈데없는 난간에서 떠밀려 한강으로 그 많은 사람들이 떨어져 수장이 되고, 피란 못나온 인물들은 납북도 많이 되었다고 합니다. 그 후, 9.18서울수복 때 국군이

끊어진 한강을 어떻게 건널까 하고 국민들은 걱정을 했었습니다. 그런데 UN군이 한강에 고무보트를 가로질러 줄 세워 띄워놓고 그 위에 구멍이 뚫린 강판 두루마리를 펴놓아 그 위로 차들이 입성을 했다는 것을 소문으로만 들었습니다. 참으로 신기하다고 생각했습니다. 시골어른들도 양놈들은 머리도 좋다고 극찬을 아끼지 않았었습니다. 그것이 배다리였네요.

얼마전에 TV에서 정조의 능행길에 대해서 설명을 하는데, 거기서도 배를 띄우고 그 위에 다리를 놓고 행차하는 모습이 있었습니다. 진즉 좀 보여주지, 나는 초등학교 5학년에서 중학교로 월반을 해서 국사를 배우지 못했고, 중학교 삼학년 때는 전쟁으로 인해 국사를 배우지 못해서 저런걸 못 배웠다고 한탄을 했습니다. 옆에 있던 자식들이 국사 시간에 저런 것까지 가르쳐주지 않는다고 한마디 했었습니다. 어쨌든 그것이 배다리였습니다.

그러고나니 강릉에 있는 선교장이란 이름도 다른 느낌으로 와 닿았습니다. 한가지를 깨닫는 순간 많은 것들이 함께 이해가 되었습니다. 참으로 신기한 일입니다.

정조 때 다산 선생이 배다리를 설치하셨으니, 미국보다 우리가 먼저 만든거구나 생각하니 대한민국 국민으로서 어깨가 우쭐해졌습니다.

다산초당 못 가본 것이 가슴에 늘 남아 있었는데 다산생가에 와서, 다산 선생께서 모든 학문에 통달한 조선의 천재일뿐만 아니라 과학자라는 사실을 처음 알았습니다. 선생님의 공적과 실적을 배우고, 덤으로 배다리를 깨달음을 얻고 돌아오는 길은 기쁨에 발걸음이 가벼웠습니다.

사람은 정말 죽을 때까지 배우는 게 맞습니다. 그리고 새로운 걸 배우고 깨우치는 일은 나이를 먹어도 즐겁습니다.

2012년 10월

남도 일 번지

그 대밭을 지나면서 시조 한 수를 중얼거렸는데, 몇 발짝 가다 주운 판자에 내가 낭송한 시조를 써서 대나무 가지에 메어 달아 놓은 적이 있었습니다. 그런데 오늘 다시 그 판자를 보니 무척 반가웠습니다.

1박2일로 거문도, 백도, 소록도를 돌아오기로 하고 떠났습니다. 다들 10시경에 약을 먹고 배멀미에 대비를 했습니다. 나도 키미테를 붙이고, 배를 탈 준비를 했습니다. 11시쯤에 회장단에서 배표를 예약하기 위해 전화를 하더니 '오늘은 배가 뜨지만 내일은 일기예보에 풍랑이 인다고 해서 거문도에서 나올 수가 없다'고 합니다. 거문도에서 숙박을 하려고 했는데 달리 대책을 세워야 되겠다는 말에 모두들 실망을 했습니다. 나는 키미테를 도로 떼어냈습니다. 섬에 간다는 기대에 잠도 설쳤는데 맥이 쑥 빠집니다.

고흥의 어느 꺼벙한 오리고기 식당 앞에 차가 멈췄습니

다. 밖에서 보기에는 허름한 막걸리집 같은데 가게를 거쳐 안으로 들어가니, 마당 전체를 지붕으로 덮었는지 90명 인원이 다 들어가도 자리 여유가 있었습니다. 그런데 너무 허름해서 이래도 위생법 단속에 안 걸리고 유지가 되는지 의아하기도 했습니다.

예전에 배를 타고 건너갔던 소록도를 커다란 현수교가 개통되고 처음으로 다시 방문했습니다. 전에는 배에서 내리면 언덕길을 오르느라 숨이 좀 찼는데, 지금은 찻길을 닦으면서 인도에 데크를 깔아놓아 걷기가 좋았습니다.

썰물이 나간 해변을 끼고 가며 '나는 사람이 아니외다. 나는 사람이 아니외다. 하늘과 땅 사이에 잘못 돋아난 버섯이외다.' 한하운 선생의 글귀가 생각났습니다. 스스로의 병을 하늘이 내린 벌이라 체념하며 힘들게 살다간 생이 가슴 아리게 불쌍합니다. 손가락 발가락이 떨어져나가면서도 강제노동에 착취당하며 아픔과 눈물로 소록도를 만들어 놓은 대가로 오늘날 우리는 즐겁게 관람하지만 눈길 가는 곳마다 가슴도 아립니다. 보리피리도 읽어보고 비참했던 생활 흔적을 더듬어보며 그들의 영혼들에게 이제는 안식하시라고 빌었습니다. 해변을 걸어 나오자니 내 마음도 썰물입니다.

노을이 질 무렵에는 케이블카를 타고 대륜산을 올라갔

습니다. 케이블카에서 내려 정상을 향해 오르는 길은 나무데크가 깔려 걷기에 좋았지만, 일행을 따라가지 못하고 점점 처지기 시작했습니다. 결국 따라가기를 포기하고 혼자 앉아 내려다 본 해남 시내는 흐릿하고 스산했습니다. 그래도 예까지 올라온 게 어디냐며 스스로를 위로해봅니다.

대흥사 문밖 숙소에서 자고 아침 여섯 시 조금 넘어서 일어났습니다. 못가는 사람은 남고 가고 싶은 사람만 가는데, 갈 때 걸어가고 올 때는 차를 탔으면 좋겠다 싶은 사람은 주차장에서 기다리면 버스가 태우러 오겠다고 했습니다. 은근히 걱정이 됐지만, 버스가 주차장으로 태우러 온다는 말에 용기를 내어 따라나섰습니다. 일행은 몇 사람만 남고 거의 다 나서서 마당에 모여 같이 출발을 했습니다. 대흥사는 십오륙 년 전 자가용으로, 하늘에 간 큰아들과 남편과 함께 가봤고, 육칠 년 뒤 답사반에서도 다녀온 적이 있습니다. 그래서 더욱 겁 없이 따라 나섰습니다.

상큼한 아침공기가 참 좋았습니다. 출발할 때는 선두에 섞여갔지만 걸을수록 무리에서 차츰 처지기 시작했습니다. 전에도 이렇게 멀었던가? 점점 숨이 차오르고 다리에 힘이 풀리면서 마음이 초조해졌습니다. 그럴수록 앞사람들과의 거리가 점점 멀어졌습니다. 두륜산 대둔사란 제일문 안에 들어서면서는 공기도 좋고 수목의 향이 심신을 씻겨주는 듯 했습니다. 앞사람들은 아예 하나도 안 보입니다. 그래도 자꾸 가다보니 커다란 주차장이 나왔습니다. 오호라, 전에 왔을 때는 여기서부터 걸었구나. 그래서 어렵지 않게 갈 수 있었구나! 백 미터쯤 더 갔을까, 허름한 찻집이 하나 있었습니다. 그 앞에 앉아서 일단 숨을 고르기로 했습니다. 살아온 인생은 KTX를 타고 온 것 같은데 이 대흥사는 어찌 이렇게 멀어서 내 걸음을 허락하지 않는가……. 지금부터 죽자고 따라간다 해도 일행들은 그만큼 또 달아날 것이고, 돌아올 때도 또 꼴찌로 허덕이며 따라온다면 단체 활동에 지장을 줄 것 같아서 그만가야겠다는 생각이 들었습니다. 명승대찰 대흥사 바로 앞까지 거의 다 와서 돌아서려니 나이를 먹으며 해마다 못해지는 체력이 서글퍼졌습니다.

대흥사를 향해 삼배를 올리고 돌아서 주차장으로 왔더니 무릎수술한 지 얼마 안 되어 도저히 못가겠다고 처져 있는 일행이 또 한사람 있었습니다. 둘이 주차장에서 넋두리를 하고 있는데 저만치 풀밭에서 커다란 잠자리채를 휘두르고 있던 청년이 저벅저벅 걸어왔습니다. 무엇을 잡았냐고 물었더니 곤충을 연구하려고 채집 나왔는데 별로 없다고 했습니다. 메뚜기를 잡아보면 햇살이 퍼져 올라와야 메뚜기들이 설쳐대지 이슬이 마르기 전에는 날개가 젖어 무거워서 잘 날지 않더라고 하면서 내가 아는 척했습니다. 그렇게 몇 마디 더 주고받은 후 청년이, 차 들어올 시간이 아직 멀었는데…… 하면서 꾸벅 인사를 하고 갔습니다.

조금 있으니 건장한 스님이 휘적휘적 내려왔습니다. 합장의 예를 올렸더니 이렇게 일찍 어디에서 오셨냐고 물었습니다. 대구에서 왔는데 사정이 이러저러하게 되었다고 말씀드렸습니다. 그러자 스님도 대구 동화사에 오래 머물렀기 때문에 서문시장이나 칠성시장도 잘 안다고 하시면서 반가운 얼굴로 떠났습니다.

그러고도 한 시간이나 지나서 절에 갔던 사람들이 내려오기 시작했습니다.

"벌써 다녀왔어요?"

"못 걸어서 안 갔어요."

여기서 기다리면 버스가 데리러 온다고 해서 기다리고 있다고 했더니 '뭘 타고가나 걸어서 가지' 하면서 가버렸습니다. 회장도, 전화로 버스 불러드릴 테니 다리 아픈 사람은 여기서 기다리라 하고는 쭉 걸어서 가버렸습니다. 대여섯 명이 남아서 기다리고 있는데 한참 만에 전화가 왔습니다. 버스가 가다가 무슨 사정으로 못 가고, 돌아왔다면서 살살 걸어오랍니다.

모두들 투덜거리며 걸어가는데 대장인 나만 또 점점 떨어지기 시작했습니다. 꼴찌로 허덕이며 걷자니 좋은 경치나 좋은 공기도 관심 밖이고 짜증이 나다가 나중에는 서러운 생각이 들었습니다. 간신히 숙소에 돌아오니 다른 이들의 식사가 거의 끝나서 뒤늦게 바쁜 식사를 해야 했습니다. 그래도 아침밥을 먹고 나니 괴로움이 가셨습니다.

저혈당증이 와서 그렇게 힘이 들었던 모양입니다.

녹우당을 향해 가는 들에는 구절초를 많이 재배해서 꽃이 하얗게 피어 있었습니다. 그 구절초 덕분인지 녹우당 유물관을 들어설 때쯤 되니 흥얼흥얼 절로 입이 열렸습니다.

내 벗이 몇 인고하니 수석과 송죽이라
동산에 달 떠오르니 그 더욱 반갑고야
두어라 이 다섯 밖에 또 더하여 무엇하리

대대로 내려온 보물들을 비롯해 문적문서와 고화 등이 460여 점이나 전시되어 있다고 합니다. 고산유물전시관 해설 선생님께서 자세히 설명해 주면서, 녹우단은 어초은 윤효정 묘와 사당, 추원당, 녹우당, 고산사당, 고산유물전시관을 통 털어서 녹우단이라 한다고 일러주셨습니다. 그 것들을 자손들이 소중하게 간직해서 지켜온 공로가 대견했습니다.

녹우단은 보수 관계로 들어가 보지 못하고 돌아서야 했습니다. 몇 년 전에 왔을 때는 고택들을 둘러보고 나서 대밭을 보았습니다. 왕대밭 속에는 차나무도 드문드문 있었고 더 올라가니 빈틈없이 촘촘한 대밭이 나왔습니다. 그 대밭을 지나면서 시조 한 수를 중얼거렸는데, 몇 발짝 가다 주운 판자에 내가 낭송한 시조를 써서 대나무 가지에 메어달아 놓은 적이 있었습니다. 그런데 오늘 다시 그 시조 적힌 판자를 보니 무척 반가웠습니다.

나무도 아닌 것이 풀도 아닌 것이
곧기는 뉘 뜻이며 속은 어이 비었는다
사시로 푸르니 그를 좋아 하노라

비자림은, 집 뒤로 산의 바위가 보이면 풍수지리적으로 볼 때 좋지 않다고 하여 바위 가리개로 비자나무를 심어 조성된 것이라고 했습니다. 그 지혜가 놀랍지 않습니까. 내 소견으로는 해롭다고 하면 피하거나 치울 생각을 했을 것인데 막는 방편을 썼다는 것에 감탄했습니다.

오랜 유배생활에서 많은 집필을 한 흔적이 깃든 다산초당, 전에 왔을 때도 무릎이 아픈데다 땅끝전망대를 갔다 왔더니 더 아파서 못 갔습니다. 무릎이 나으면 꼭 가봐야지 했는데 이번엔 무릎이 나았지만 오늘 아침 대흥사 가느라 에너지를 너무 많이 소모해서 또 못가고 백련사로 갔습니다.

법당에서 삼배 드리고 둘러보는데 옆문 위에 '白蓮社'란 작은 편액이 걸려 있었습니다. 절 사寺자가 아니고 토지신 사社네, 하고 중얼거리며 돌아서는데 제단을 정리하던 한

스님이 말씀해 주셨습니다.

"고려 말에 몽고군과 왜군이 여러 차례 침략을 하여 화재로 인심이 어수선할 때 원묘국사 요세스님(1163~1245)이 대가람을 완공해 놓고 이곳에서 실천중심의 호족들을 모아 백련 결사를 조직해서 교종 정리를 했더니, 임금이 '白蓮社'란 사액을 내려주셨지요. 그래서 지금껏 그대로 지키고 있습니다."

또 배웠습니다. 법당을 나와 마당 끝에 서니 멀리 강진만이 참 예쁘게 보였습니다.

영랑생가 촌에서 점심을 먹고 승주 선암사로 향했습니다. 선암사도 전에 다녀온 적이 있습니다. 이번엔 아예 욕심을 내려놓기로 마음먹고, 마냥 기다리느니 갈 수 있는 만큼만 걸어보기로 했습니다. 욕심을 버리고 천천히 기분 좋게 걸어보니 마음이 가벼웠습니다. 좌우 나무들을 살피고 나 자신도 살펴봅니다. 길가 파란 잔디밭에 부도 탑들이 줄을 지어 서 있었습니다. 그곳 울타리 문이 열렸기에 들어가서 아는 글자만 더듬더듬 읽어보는데 저절로 두 손이 모아졌습니다. 그때 지프차가 지나가다 차를 세우면서 들어가면 안 된다고 해서 얼른 돌아 나왔습니다.

길가에 있는 벤치에 앉았습니다. 차에서 기다리는 것보다야 이렇게 여유롭게 걸어보길 참 잘했다 싶었습니다. 욕심을 내지 않으니 마음이 편했습니다. 노래도 하고 잡담도 하다가 절에 들어간 사람들보다 조금 먼저 버스로 돌아왔습니다. 풀에게도, 나무에게도, 흙에게도, 돌멩이에게도 다 기운을 얻은 것 같았습니다.

또 올 날이 있을까요?

2011년 10월

늦게 뜬 눈

용상에 안좌하신 임금님을 상상해 보며 옷깃을 여며봅니다. 그런데 여름에는 문을 다 열고 진행한다지만 겨울엔 어쨌을까요. 옛날 겨울은 얼마나 추웠을까요.

"엄마, 반가운 소식이 있어요. 내일 일기예보에 서울은 종일 엄청나게 비가 쏟아질 거래요."

답사 전날 복지회관을 다녀와 집에 들어서는데 아들이 장난기 가득한 목소리로 놀렸습니다. 말은 그렇게 하면서도 걱정이 되는지, 저녁에는 이런저런 당부와 함께 우의와 우산을 챙겨 놓으며 잊지 말고 가져가라고 합니다.

이번 행선지는 탑골공원과 창덕궁, 창경궁입니다.

아들의 말대로 우장을 갖추고 나섰습니다.

대구에서 출발할 때는 약한 빗방울이 들더니 선산휴게

소에 이르자 본격적으로 비가 내립니다. 문경에 다다르니 장대비가 쏟아져 버스가 온통 먹구름 속을 뚫고 달려야 했습니다. 지척을 분간하기 힘든 우중 속 버스에서 모두들 근심스럽게 앉아있으니 해설 선생님께서 마이크를 들었습니다.

"자, 정신 차리고 공부나 해 봅시다.

우리가 찾아가는 한양성은 이 태조가 한양으로 도읍을 옮길 때에 동쪽을 낙산, 서쪽은 인왕산, 북쪽은 북악산(백악산), 남쪽은 목면산(남산)을 기준해서 성을 쌓았습니다. 동쪽에 흥인지문(동대문), 서쪽엔 돈의문(서대문), 남쪽에 숭례문(남대문), 북쪽엔 숙정문(북대문)이 있고, 그 사이사이에 사소문인 동소문, 남소문, 자하문이 있고 서소문은 현재는 없어지고 지명만 남아 있습니다. 사대문 안의 경복궁 정문은 광화문이고, 대전은 근정전, 경운궁(덕수궁) 정문은 대한문이고 대전은 중화전, 창덕궁 정문은 돈화문이고 대전은 인정전, 창경궁은 정문은 홍화문이고 대전은 명정전, 경희궁은 현재 모두 분산되고 없습니다. 답사반이라 하면 이쯤은 알고 있어야겠지요? 이제 견문을 넓혀 격을 좀 올려봅시다."

귀가 솔깃해집니다.

여주를 통과할 즈음 빗줄기가 가늘어지고 조금씩 앞이 훤해지기 시작하더니 서울이 가까워질수록 비가 숙지막해졌습니다. 역시나 탑골공원에 도착하니 고맙게도 비가 완전히 그쳤습니다.

주차문제로 정문인 삼일문으로 들어가지 못하고 옆문으로 들어갔습니다. 국보 제2호 원각사지 십층석탑 앞에 서는 순간 가슴이 콱 막히듯 갑갑해 보였습니다. 초췌한 그 큰 탑신을 보호한답시고 수족관 같은 유리곽에 가두어놓은 것을 보니, 유리 한 장만 더 이어 얹었으면 그나마 숨통이 좀 트여 보일 것을… 참 안타까웠습니다. 종로의 매연에 찌들어 고색창연한 연륜의 먼지 때가 쌓여 있었습니다. 흐릿한 노안이나 몇 미터 밖에선 퇴색한 모형만 보이더니 가까이 다가가서 자세히 보니 면면이 정교하고 아름다운 부처님의 얼굴 조각이었습니다. 이 탑은 공원이 열리기 전에 원각사라는 절이 있었는데 그 때 조성한 탑이라고 합니다.

이십여 년 전에 종로를 수없이 지나다녔지만 삼일문만 쳐다보고 탑골공원은 한 번도 들러보지 않았습니다. 탑골공원은 1897년에 열린 우리나라 최초의 근대식공원입니다. 3.1운동 발상지로 독립선언서 원본을 카피해 놓은 동

일본, 팔각정, 탑골공원 사적비, 의암 손병희의 동상을 관람하고 나와서 창덕궁으로 갔습니다.

돈화문으로 들어가 금천교를 지날 때 해설 선생님의 설명이 있었습니다. 대궐을 지을 때는 반드시 맑은 물을 흘려 배산임수에 뜻을 두고 금천禁川이라 해서 경계를 구분한 데엔 많은 뜻이 있는 듯합니다. 과거에는 무심코 지나쳤던 다리를, 오늘은 가슴에 담고 건너게 되었습니다. 다리이름은 비단 금錦자를 쓴 금천교라 새겨져 있었습니다.

진선문에 들어서자 조정 좌우에 늘어선 품계석이 나타나고 앞 이층 월대석 위로 웅장한 정전이 앉아 있었습니다. 해설 선생님이, 인정전에 대해 소상히 일러주셨습니다. 큰집 전殿자가 명명한 건물에만 원통기둥을 쓸 수 있다는 것과, 인정전은 임금님과 공유하는 곳이란 것도 알았습니다. 대궐은 벽이 없고 문으로만 둘러 싸여 있다는 것도 이번에 처음으로 알았습니다. 인정전은 국가 행사인 임금님의 즉위식, 혼례식이 열리는 곳이라고 합니다. 밖에서 볼 때는 대전이 이층인데 안에서 보니 통층이었습니다. 아름다운 천정이 아득해 보였습니다. 용상에 안좌하신 임금님을 상상해 보며 옷깃을 여며봅니다. 그런데 여름에는 문을 다 열고 진행한다지만 겨울엔 어쨌을까요. 옛날 겨울은 얼마나 추웠을까요.

이번 답사로 월대月臺는 물론 답도踏道의 쓰임도 알았습니다. 큰 행사만 대전에서 열었고 평상시에는 편전, 선정전에서 집무를 봤다고 합니다. 선정전은 창덕궁 내에서 유일하게 청기와를 써서 아름다운 자태로 세계문화유산으로 등재되어 있다고 합니다. 그 일원은 각 관청들이고, 임금은 눈코 뜰 사이가 없이 바쁘게 일했다고 합니다.

그 뒤의 대조전은 내전 중심 건물로 용마루가 없는 임금과 왕비의 침실이라고 합니다. 쉽게 생각한 왕비의 일상도 궁 안의 그 많은 여인들을 관장해야 하기에 매우 분주한 생활이었다고 합니다. 막연히 동경하던 임금과 왕비는 부러운 존재가 아닌 것 같습니다. 요사이는 한 가정의 맏이와 혼인하려 해도 주춤하는데…….

내전 뒷담의 무늬들이 참 고왔습니다. 낙선재를 돌아보니 아름다운 문양의 문살과 꽃담들이 눈에 띄었습니다. 대청 앞 뜰 밑에 서니 생전의 영왕비(이방자 여사) 모습이 어른거리는 듯했습니다. 돌아보니 추녀가 맞물린 각각의

선들이 참 곱습니다.

창경궁은 창덕궁과 접해 있고 원래는 창덕궁의 부족한 공간을 부조로 지어서 동同궐이라고도 했답니다. 홍화문으로 들어가 금천의 옥천교를 건너 명전문 안 조정에 들어섰습니다. 이층 월대 위에 창경궁의 으뜸 전각인 단층 대전 명정전이 있고 그 언지리에 편전 문정전이 있었습니다. 경춘전, 환경전은 왕실의 많은 생로병사가 이루어진 곳이라고 했습니다. 명정전과 명정문, 홍화문은 임진왜란과 이괄의 난으로 다른 곳이 다 불탔을 때도 살아남은 가장 오래된 건물로 보존되고 있답니다. 창경궁은 창덕궁보다 덜 하지만 17세기 조선 건축의 면모를 잘 보여주고 있다고 합니다.

노구를 끌고 헐떡이며 열심히 두 눈을 부릅뜨고 듣고 보면서 쫓아다녔지만 집에 와서 생각해보니 가물가물 아리

송하기만 합니다. 왕복 여덟 시간을 버스에 시달려서인지 두뇌의 노쇠인지……. 두꺼운 돋보기를 코끝에 걸고 여러 날 컴퓨터까지 뒤적여가며 갔다 온 곳을 찾아서 조선왕조 역사를 몇 번이고 읽었지만 노쇠한 두뇌는 그것도 쉽지 않았습니다. 오십 년 전에도, 이십 년 전에도 다녀왔지만 그때는 보지 못했던 것을, 그래도 이번 답사로 더 많이 보고 조금은 더 큰 눈을 뜨게 되었으니 그나마 다행이 아닌가요.

2013년 6월

속리산 답사기

> 9곡까지 갈 사람은 올라가고, 4곡에서 남은 사람들은 느티나무 그늘에서 쉬었습니다. 금사담 맑은 물에 발을 담그고 쉬노라니 진짜 선계에 든 듯했습니다.

폭염이 이어지던 8월20일 속리산 법주사를 찾았습니다.

친정이 법주사 가까운 장안인지라 가는 길이 익숙했습니다. 예전에는 장안 앞을 지나 말티재로 다녔는데, 지금은 장안 동네 옆길로 오리쯤 가서 한적한 마을 서원리에 도착했습니다. 근래에 사람들이 정이품송 부인이라고 이름을 붙여서 관광코스로 많이들 들른다고 합니다. 푸짐하고 펑퍼짐해서 안방마님 같으면서도 우람했습니다. 손에 닿는 가지를 보니 잎이 부드럽고 자잘한 참솔인 조선솔이었습니다. 한 마디 했습니다.

"솔잎 뽑아서 깔고 추석에 송편 쪄 먹으면 맛있겠다."

그러자 젊은 일행이 왜 솔잎을 깔고 찌느냐고 물었습니다.

"송편이 왜 송편이게? 서로 붙지 말라고 솔잎을 켜켜이 깔고 찌면 떡에 솔향기가 배어서 얼마나 맛이 있는데! 그래서 소나무송자와 떡 편자를 써서 송편이라 하지."

정이품송 부인의 청청한 품덕品德을 보니 가히 품계를 명해도 아깝지 않아 보였습니다. 다들 사진 찍기 바쁜 중에도 일행 중 누군가는 들어가서 두 팔을 벌려 돌아가면서 나무 둘레를 재어보더니 일곱 발이라고 했습니다. 버스에 오르는 일행들이 모두들 가슴에 손을 대고 정이품송 부인의 기를 받은 것 같다고 했는데, 정말 얼굴에 화색이 도는 것 같았습니다.

우리 어머니 생전의 말씀이 그 길은 소달구지로 나무하

러 다니던 길이었다고 했습니다. 아버지 말씀에 따르면 서원리는 지명 그대로 충북에서 최초로 사액을 받은 상현서원象賢書院이 있는 곳이라고 합니다. 지금도 드문드문 예쁜 고시촌들이 들어서는 것을 보니 옛 지명도 마치 앞날을 내다보고 지어진 것 같습니다. 고즈넉하고 산수 풍광이 좋은 이곳 서원리는 공부도 절로 될 것 같습니다. 법주사를 찾든지, 내속리쪽 동네 볼일이 있으면 걸어서 지금 보다 더 멀리 삼가저수지를 돌아 휘넘이 재를 넘어갔다고 합니다. 산이 깊어 여자들은 길을 나서지 못했다고 들었습니다. 지금은 터널을 양쪽으로 뚫어 관광버스들이 옛날 보다 훨씬 가깝게 질러서 다닙니다.

법주사 거의 다 와서 정이품소나무 앞에 차를 세웠습니다. 한쪽이 많이 다쳤다고 해도 아직 그 강직한 기상은 그대로 엿볼 수 있었습니다. 강직한 용트림

때문일 것입니다. '들어가지 마시오'란 피켓이 있는데도 일행 중 또 한 사람이 날렵하게 들어가 둘레를 안아보더군요. 네 발이라고 합니다. 정부인 나무와 비교해보니 부인은 너그럽고, 정이품송은 선비의 강직함이 뚜렷하게 보였습니다.

다시 버스를 타고 조금 더 가서 시설지구에 내렸습니다. 오리숲길로 향해서 쌍지팡이를 짚고 걷는데 산중이라 그런지 대구보다 시원해서 걷기가 좋았습니다. 말복 지난 지 일주일밖에 안 되었는데 하늘이 푸르고 높았습니다. 가는 길목에 장애자가 엎드려서 밀고 다니는 기구에서 염불을 틀어놓고 동정을 구하고 있었습니다. 그 앞을 서너 발 지나다가 다시 돌아서서 천원을 돈 그릇에 넣어주었습니다. 인색하여 그냥 지나치고 나선 후회를 종종 했기 때문입니다. 옆에서 한 마디 합니다.

"형님 그렇게 주어도 그 사람 손에 안 들어간답니다."

"그래도 나는 불쌍한 그 사람만 보고 주었지."

사실 법주사는 여러 번 다녀왔지만 산행은 한 번도 해보지 못했습니다. 이번에도 해설 선생님의 법주사 역사와 국보, 보물, 문화재의 설명을 듣고 해산해 각자 행동에 나섰습니다.

난 제일 먼저 대광보전에 들어 부처님께 삼배를 드렸습니다. 마침 내일이 음력 칠월보름 백중절이라 명부전 지장

보살께도 광명진언을 송하며 절을 올리고 나왔습니다. 청동미륵불에도 삼배를 드렸습니다. 이십대 초에도 이곳을 찾은 적이 있었습니다. 그때나 지금이나 크기는 비슷한 것 같은데 그때는 콘크리트로 되어있었고 은진미륵이라고 불렀습니다. 내 생각에는 해방 이후에 만들어진 것 같습니다. 그 후 1989년에 현재의 청동미륵불을 조성해 놓고 주지스님이 TV 인터뷰에서 말씀하신 것이 기억납니다. 원래는 금색의 청동미륵불이 있었는데 고종이 등극하면서, 흥선 대원군이 헐어다가 녹여서 담뱃대 대꼬바리(담배통)로 만들어 팔아서 경복궁 짓는데 썼다고 합니다. 현재의 청동미륵불을 조성하려고 용광로 불을 지필 때 많은 신도들이 참석을 했는데, 자기들이 지니고 있던 금비녀, 금목걸이, 금반지 등을 불심과 함께 용광로에 던져 넣었다고 했습니다.

국보와 보물, 문화재 등을 둘러보며 마애여래의상 앞에 섰습니다. 금방이라도 벌떡 일어나 손 잡아줄 것 같은 부처님께 모자를 벗고 합장 삼배 드리고 있는데, 일행 한 사람이 등산모자를 쓴 채로 넙죽이 절을 했습니다.

"모자를 쓰고 절하는 사람이 어디 있어요?"

"여자는 모자 쓰고 절해도 된대요."

그러면서 웃는 모습이 좀 열적은 듯했습니다.

"그런 법이 어디 있어요."

늙어서인가 갈수록 남의 행동에 인사 못 들을 간섭을 자꾸 하게 됩니다.

수정암 쪽으로 내려오다가 조금이라도 덜 걸으려고 천왕문을 안 거치고 냇가로 내려가기에 그 일행을 따라가고 보니 징검다리를 건너야 했습니다. 그런데 징검다리 돌이 큰 것, 작은 것, 높고, 낮고, 뾰족하고, 동그래하고 울퉁불퉁 직선도 아닌 것들이 이리저리 갈지자로 놓여 있었습니다. 좀 젊은 사람들은 성큼성큼 건너가는데 나는 후들걸음으로 가다가 중간쯤에서 주춤거리는 통에 중심을 잃어 넘어질 뻔했습니다. 얼마나 아찔했는지요. 오리숲을 걸어 나오는데 내가 또 다시 이 길 밟을 날이 있을까 하는 생각이 들었습니다.

어느 식당 옆 그늘에 놓인 살평상에 앉아 쉬는데 가게주인이 나와 어디서 왔냐고 물었습니다. 대구에서 왔다니까, 이번엔 점심은 드셨냐고 물었습니다. 좀 미안해진 입으로 도시락 싸가지고 왔다고 했습니다.

"그럼 시원한 그늘 있는 이 살평상에서 드시유. 필요하면 막걸리나 한 병 팔아줘도 좋고……." 하면서 들어갔습니다. 후한 충청도 인심입니다.

속리산국립공원 일원인 괴산 화양구곡을 향해 버스가 달렸습니다. 밖을 내다보며 어디를 거쳐 가는지 이정표를 살펴보려 했지만, 멀리서는 글자가 안 보였고 가까이 다가

오면 앉은 자리와 각도가 안 맞아서 번번이 못 보고 그냥 지나치고 말았습니다. 법주사에서 청주 가는 길, 상주 가는 길, 옥천 가는 길, 영동 가는 길은 다 아는데 괴산은 어디로 왔는지 그림이 통 안 그려집니다. 화양구곡 입구 주차장에 내리면서 운전기사에게 어디어디를 거쳐서 왔는지 물어봤습니다. 괴산으로 바로 왔답니다. 그래도 믿기지 않아 고개를 갸우뚱하니까 돌아갈 때는 오던 길이 아니고 청천면 쪽 달천을 끼고 괴산을 벗어나, 상주 화서에서 고속도로로 갈 거라고 했습니다. 그 설명만으로는 법주사에서 어디를 거쳐 괴산으로 왔는지 여전히 그림이 안 그려집니다.

법주사에서 힘을 소비해서인지 몸이 좀 지쳤습니다. 쌍지팡이를 집고 부지런히 걸어 해설을 듣기 위해 숨 가쁘게 따라갔지만 화양서원 앞에 다다르니 일행들은 이미 서원을 다 돌아 외삼문인 성공문 돌층계를 내려오고 있었습니다. 올려다보니 들어갔다 나오면 일행과 더 거리가 더 멀어질 것 같아 포기하고 말았습니다. 우암 송시열이 금사담 건너 포개진 큰 암반위에 집을 지어 '암서제'라 이름하고 은거하면서 학문을 닦고 후학을 가르쳤다고 합니다. 화양서원은 우암 서거 후 송시열을 제향하기 위해 노론들의 주도로 설립하고 숙종이 직접 사액을 내렸다고 합니다. 조선시대 노론들은 득세와 횡포가 심했던 모양입니다. 후

대에 흥선 대원군에 의해 철폐 되었다가 명성황후가 다시 지었다고 했습니다. 일화에는 이하응이 과객시절에 화양서원을 찾아왔다가 문지기의 호된 괄시로 쫓겨났다고 합니다. 그래서 흥선 대원위가 집권을 하면서 우암제향 44개의 서원 중 제일 득세를 부렸던 화양서원을 맨 먼저 헐었다고도 합니다.

4곡 금사담에서 9곡까지 갈 사람은 올라가고, 4곡에서 남은 사람들은 느티나무 그늘에서 쉬었습니다. 금사담 맑은 물에 발을 담그고 쉬노라니 진짜 선계에 든 듯했습니다. 화양천 잔잔한 물결 위에 '다뉴브강의 잔물결' 노래를 띄워보기도 했습니다. 이 화양천을 따라 상류로 올라가면 선유동 계곡도 나온다고 합니다. 화양천도 참 좋았고 우암 선생님 자취에서도 많이 느끼고 배워갑니다.

오후 5시, 하루 일정을 무사히 마치고 화양동 주차장에서 대구로 출발했습니다. 차에 앉아 오면서 안 들어가 본 서원도 아쉽고 9곡까지 안 간 것도 못내 아쉬웠습니다. 또 오기는 어려울 터이니 말입니다. 그런 생각에 서글퍼지기도 했습니다. 앞으로 몇 번이나 더 답사반과 함께할 수 있을지요…….

어디쯤 왔는지 작은 다리를 건너자 버스가 멈췄습니다. 해설 선생님이, 예정에는 없지만 여성회관 답사반이니까 특별 서비스로 이곳에 왔으니 내리라고 했습니다. 내리면서 기사에게 물으니 상주라고 했습니다.

정해진 길을 따라 마을 뒤를 돌아 한참을 걸어서 어느 쓰러진 나무 앞에 도착했습니다. 수령 600년이라고 하는데, 동네 지명을 딴 '삼송리 왕소나무'라고 했습니다. 유명하다는 이 소나무는 거대한 둥치로 쓰러져 있었습니다. 1982년에는 천연기념물로, 2001년에는 충북의 자연환경

명소로 지정되기도 했다는데, 2011년에 태풍 볼라벤의 피해를 입고 쓰러졌다고 합니다. 한쪽 가지는 완전히 고사하고 남은 한쪽은 희망이 좀 보여서 전국의 유명한 식물학자들이 모여 온갖 정성을 다 했지만 결국은 고사되고 말았다고 합니다. 본디 용모가 화려한 적송으로, 거대한 줄기의 모습이 마치 용이 꿈틀거리는 것처럼 보인다고 해서 용송이랍니다. 고사했지만 과연 이름에 걸맞은 자태를 짐작하기에 충분했습니다. 안타까운 탄식이 절로 나왔습니다.

천년만년 살 것 같은 왕성한 소나무도 제명대로 살지 못하고 재해로 죽기도 하는군요! 생명의 유한함을 일깨워주는 듯했습니다.

내려오는 길은 길섶의 풀들을 헤치고 실개천 따라 밭둑길을 얼마간 걸었습니다. 버스에 오르면서 운전기사에게 안내 팻말엔 '괴산군청 군수'라고 되어 있더라고 하니까 웃으면서 여기는 상주라고 다시 한 번 힘주어 말했습니다. 그러자 해설 선생님이 제대로 알려주셨습니다.

"지금 건넌 다리 저 쪽은 괴산 땅이고 여기는 상주 땅입니다. 옛날에는 밀주를 담아놓고 조사 나온다고 하면 행정구역 경계선인 다리를 건너다니며 피했다는 웃지 못 할 에피소드도 있었다고 합니다."

버스에 앉으니 너도나도 왕송이 너무 아깝다고 한 마디씩 했습니다. 짧지 않은 하루 일정을 마치고 화북에서 화서로 와 고속도로를 타고 대구로 왔습니다.

답사간다는 통지엽서를 받으면 미리 컴퓨터에서 행선지를 찾아보고 나서 갔고, 가서도 설명을 들었지만 여전히 석연치 않았습니다. 집에 와서도 우암 선생님에 관해서 더 많은 공부를 하고 지도를 펴놓고 갔다 온 길을 다시 더듬어 보는 공부도 많이 했습니다. 갈 때마다 소중한 여행입니다.

2013년 8월

장가계를 가다

천길 발아래는 감히 내려다볼 수가 없었다. 오금이 펴지질 않아, 산 벽을 한 손으로 더듬고 한 손은 지팡이를 짚고 발만 보고 걸었다. 그래도 어쩌다 한 번씩 흘깃흘깃 쳐다본 운무 속에 떠 있는 봉우리들은 이 세상이 아닌 선계처럼 보였다.

작년 가을 부모님 산소에 형제들이 모였다. 따뜻한 가을 햇살 아래 잘 가꿔진 잔디가 예뻤다. 언제나 그렇듯 셋째 제부의 노고가 그대로 보여 고맙고, 미안했다. 종교가 다른 우리 형제들은 나란히 서서 각자의 방식대로 부모님께 인사를 드렸다. 부모님을 뵐 때마다 다섯 형제 중 하나가 비는 게 가슴이 시리고, 먼저 간 동생이 그리웠다. 성묘를 마치고 부모님 산소 앞에서 싸 가지고 간 음식을 나눠먹는데, 막내 동생이 다 같이 장가계를 한 번 다녀오자며 제안을 했다.

"누님들과 매형 모시고, 한 번 다녀오고 싶어서 그럽니다. 물론 비용은 제가 부담할 테니 신경 쓰지 마시고요. 진작부터 별렀지만 늘 바빠서 시간을 못 냈는데, 이렇게 마냥 미루다가는 못 갈 것 같아요."

그 말에 다른 동생들도 더 늦기 전에 함께 여행을 한 번 다녀오는 것이 좋을 것 같다면서 이런저런 의견을 내기 시작했다. 막내가 제일 맏이인 내 의견을 물었다. 못 간다고 했다. 제일 좋아할 줄 알았던 내 입에서 그 말이 나오자, 막내가 당황하며 왜 그러느냐고 했다. 당일로 다녀오는 답사여행에도 쩔쩔매는데, 그 먼 데를 며칠씩 어떻게 가냐고 솔직하게 말했다. 동생은 "그곳은 워낙 노인네들이 많이 가는 곳이라서 대부분 차나 케이블카 타고 갈 수 있대요. 걷기 힘든 곳은 가마를 탈 수도 있으니까 괜찮아요. 가실 수 있어요. 그동안 걷는 연습도 좀 하고, 체력도 키우고 준비를 좀 하세요." 하면서 함께 여행하기를 고집했다. 하지만 이 노구의 체력이 키워질 것 같지도 않고, 괜히 따라가서 동생들의 짐이 될까 하는 염려에 내내 맘이 무거웠다.

그러다 11월 말쯤 막내 동생한테서 전화가 왔다.

"누님, 여행사에 1월 3일에서 8일까지 장가계 예약을 했습니다. 거기에 맞춰 준비를 하고 계세요."

아이들이 여권을 찾아보더니 기한이 만료됐다면서 사진 찍어서 여권부터 재발급해야겠다고 했다. 딸아이가 1월이면 너무 춥지 않으려나 궁시렁거렸지만, 과연 갈 수 있으려나 하는 걱정 때문에 귀에 들어오지도 않았다.

일주일 정도가 지났다.

저녁에 자려고 화장실을 다녀오는데 약간 어지러운 듯했다. 왜 이럴까 하면서도 그냥 잠자리에 들었다. 자다가 1시 경에 또 화장실에 가고 싶어 일어나니 더 어지러웠다. 조심조심 다녀와서 아이들에게 어지럽다고 했더니, 혈압을 재더니 220이란다. 정신은 말짱하고 어지럽기만 했다. 밤중이라 병원가기도 그렇고 해서 평소 먹던 혈압약을 하나 더 먹고 한참을 기다려서 다시 혈압을 재니 180으로 떨어졌다. 다시 잠들었다가 아침에 혈압을 재보니 또 220이었다.

일요일 아침이라 서둘러 대학병원 응급실로 갔다. 응급실은 언제나 만원이었다. 혈액검사, 소변검사로 시작해서 CT, MRI까지 찍으며 하루 종일 검사를 했지만 아무 이상이 없다고 했다. 목숨이 오가는 응급실에서 늙은이의 혈압이나 어지러움 따위는 의사들에게 사소했다. 담당의사는 아무 처방 없이, 월요일날 다니던 병원에 가보라고 했다. 하지만 계속 어지럽고 혈압이 떨어지지 않는 내 상태를 지켜보던 딸아이가, 이렇게 혈압이 높은 상태로 내일까지 계속 있는 건 위험할 것 같다면서 혈압이라도 떨어뜨려 달라고 요구하자 혈압강하제를 처방해주었다.

집에 와서 자고 일어나니 조금 나은 듯 했지만 여전히

어지러웠다. 서둘러 대학병원에서 받아온 검사결과 CD를 가지고 늘 다니던 신경내과에 갔다. 혈압이나 노인성질환 전문병원이라 그런지 쉽게 진단이 나왔다. 혈압이 높아서 어지러운 것보다, 어지러우면 혈압이 올라갈 수밖에 없다면서 검사를 시작했다. 머리에 기계를 씌우고 검사를 하더니 평형기관 쪽에 문제가 생겼다고 했다. 지금은 그냥 안정세로 접어든 것 같으니 증상을 완화시켜 줄 링거 하나 맞으면 될 것 같다고 했다. 흔히들 앓는 이석증과 비슷한 상태인 것을, 주말이다 보니 대학병원 응급실에서 시간과 돈을 허비하며 고생을 했다. 링거를 맞으며 한숨 자고 나니 몸이 좀 가벼워졌다.

자식들 차에 실려 돌아오는 길에 생각을 하니 장가계 갈 일이 더 겁이 났다. 중국 가서 이렇게 아프면 말도 안 통하는데 어떡하나 싶었다. 몸이 한 번 아프고 나니 중병이 아닌 걸 알고 나서도 두려움이 더 커졌다. 먼 길 갈 생각으로 걱정을 해서 그랬는지 멀쩡하다가 왜 탈이 났나 싶었다. 또 탈이 나면 어쩌나 싶어 자꾸만 걱정이 됐다.

결국 동생에게 전화를 해서 나는 못 가겠으니 너희들끼리 가라고 했다. 동생은 정 그러면 다음으로 연기할 테니 몸조리나 잘하라고 했다. 막상 안 간다고 말을 하고 나니 나 때문에 여행 자체가 취소될까 봐 걱정이 됐다. 큰마음 먹고 준비한 막내 동생에게도 미안하고, 못 가게 되는 다른 동생들과 제부에게도 미안했다. 그래도 한편으로는 이러다 그냥저냥 취소가 되면 좋겠다 싶기도 했다.

막내는 간간히 전화로 내 용태를 묻고, 자꾸 운동하라고 채근을 했다. 그러다 연말 안부전화 끝에 3월에 여행을 가자고 했다.

다시 걱정이 되기 시작했다. 내 걱정을 알았는지 막내 동생이 어디 유명한 대학병원 교수한테 완벽하게 검사를 받아서 준비를 하면 된다고 했다. 그래도 자꾸 걱정되고 망설여졌다. 옆에서 여권을 만들고 준비를 하던 딸아이가 말했다. 탈이 나서 대학병원을 가도 원인을 못 찾는데, 유명 교수라고 생기지도 않은 탈을 어떻게 완벽하게 찾을 수가 있겠냐고 소용이 없다고 했다. 그냥 마음 편하게 먹고 컨디션 조절 잘 해서 다녀오라고 했다. 사고 나는 것이나 병나는 것이나 사람의 힘으로 어쩔 수 없는 일인데 거기에 매이면 아무 것도 못한다는 말에 수긍은 되었지만 걱정되는 건 어쩔 수가 없었다.

장가계로 출발

3월3일, 드디어 장가계로 떠났다. 장가계는 계곡 이름인 줄 알았는데 가보니 도시 이름이었다. 이곳은 연중 200일은 비가 내리고 100일은 흐리고, 해를 볼 수 있는 날은 겨우 60일 정도라고 한다. 다행하게도 우리가 가던 날까지 비가 왔지만 머무는 동안은 비가 내리지 않다가 돌아오는 날 다시 비가 내렸다. 그래도 그 날은 산행이 아니어서 지장이 없었다.

천문산 유람

천문산은 산 밑까지 가서 올라가는 것이 아니고 장가계 시내에서 출발을 했다. 세계에서 가장 길다는 케이블카를 타고 직선으로 갔다. 타기 전에는 겁이 나서 두근거림을 자제하기가 힘들었는데 막상 타고 보니 침착해졌다. 장가계 시내를 내려다보며 가노라니 거대한 태산이 시야에 들어왔다.

장가계 시내를 벗어난 변두리에는 관광바람을 타고 개발한 이 삼층집들이 많았다. 일층은 습기가 많아 주로 창고로 쓰고 이삼층에는 사람이 거처한다고 했다. 외부의 부대시설이 아무것도 없어 썰렁해보였다. 또 특이한 것은 군데군데 있는

무덤이었다. 돌담을 보자기 만하게 쌓아놓고 그 뒤로 아무렇게나 던져놓은 듯한 돌무더기들이 있었는데, 붉은 천 조각을 매어놓은 모양새가 어수선한 성황당 같아 보이기도 했다. 그것도 지위의 차이인지 아니면 빈부의 차이인지 언뜻 보기에 구별이 갔다.

아래를 내려다보며 점점 목적지로 다가가자 발아래에 펼쳐진 천문산 오르는 도로가 그림처럼 보였다. 로프웨어가 설치되기 전에는 자동차 길을 먼저 닦아서 다녔다는데, 지금도 버스가 다니고 있었다. 뱀이 기어간 자리보다 더 서리서리 겹쳐진 그 길을 보자니, 공사에 참여한 사람들의 생명이 얼마나 희생 되었을까 싶었다. 우리나라의 고속도로와 비교해볼 때 좁은 늙은이 소견으로 생각해봐도 이쪽 능선에서 저쪽 능선으로 굴을 뚫어 다리로 연결을 했으면 훨씬 거리가 단축될 것을 왜 멀리 돌아서 공사를 진행하느라 많은 시간을 허비했는지 알 수

가 없었다. 배고픔과 땀에 젖은 지친 모습들이 보기라도 한 것처럼 어른거렸다. 종점에 와서 내리고보니 스릴은 좀 느꼈지만 케이블카를 타기 전에 겁났던 것보다는 쉽게 왔다. 텔레비전에서 여러 번 보았지만 실제로 현장에서 보는 광경은 너무도 웅장한 장관이었다.

귀곡잔도는 마치 옛날 시골집 방의 높은 벽에 달린 선반 같은 길이었는데, 그 길을 들어서니 나뭇가지마다 붉은 천 조각을 매달아놓았다. 화려하기도 했지만 어떤 액막음의 기원같이 보이기도 했다. 걸으면서도 천길 발아래는 감히 내려다볼 수가 없었다. 상상만으로도 무서워서 오금이 펴지질 않아, 산 벽을 한 손으로 더듬고 한 손은 지팡이를 짚고 발만 보고 걸었다. 그래도 어쩌다 한 번씩 흘깃흘깃 쳐다본 건너편 운무 속에 떠 있는 봉우리들은 이 세상이 아닌 선계처럼 보였다. 옛 도인들은 구름 위를 유유

히 걸어서 이 봉우리 저 봉우리를 다니며 즐기지 않았을까. 동양화 속의 도인들이 거기에 살고 있을 것 같았다.

선반 같이 이어지는 콘크리트 잔도를 디딜 때는 발이 빠지겠다는 생각은 안 했다. 그런데 유리 잔도를 걸을 때는 살얼음을 디디는 것처럼 들여다보이는 깊은 골에 발이 빠질 것 같았다. 발가락만 꼼지락거리고 발이 잘 떨어지지 않아 통과하면서도 십년감수했다는 기분이 들었다. 고시조에 '태산이 높다하되 하늘 아래 뫼이로다. 오르고 또 오르면 못 오를리 없건 만은…' 이라 했지만 억지로 올라가 본 그 자리는 내 자리가 아니었다.

철골 현수교를 건넌 뒤 걸어서 천문산사로 내려 와 층계를 올려다보았다. 버겁겠다는 생각이 들었지만 참고 올라가다가 숨이 차서 중간에 동생들만 갔다오라고 하고 도로 내려가 광장에서 기다렸다. 돌아보고 내려온 둘째 여동생이 "언니 정말 좋아. 전각들도 참 크고 많고 부처님도 우리나라 것보다 훨씬 커요. 언니도 같이 갔으면 좋았을 걸." 했다. 그 말을 듣고 나니 힘들어도 가 볼 걸 싶으면서 후회가 되었다.

그 높은 곳을 구내 셔틀버스를 이용해 리프트 승강장으

로 갔다. 리프트를 타고 운해 위에 떠 있는 봉우리들을 지날 때마다 사이사이에 내려다보이는 까마득한 계곡에 간담이 서늘해졌다. 드디어 산 정상, 케이블카 승강장으로 가서 로프웨어로 바꿔 타고 시내로 돌아와서야 내렸다. 저녁 식사는 한국 사람이 운영하는 식당에서 하고 호텔로 돌아왔다.

보봉호 유람

보봉호를 가기 위해 주차장에 내리자마자 동생이 가이드에게 가마를 부탁했다. 출렁거림에 맞춰 말을 탄 것처럼 리듬을 타면 나도 덜 어지럽고 가마를 멘 사람들에 무게감이 덜하지 않을까? 앞에서 가마채를 멘 사람은 균형이 잘 잡힌 몸을 가졌고, 뒤에서 멘 사람은 몸집이 좀 실했다. 56kg의 노구가 가마에 실려가자니 마음이 착잡해졌다. 앞에 선 가마꾼의 숨소리는 잘 모르겠고, 뒤에서 멘 사람은 연신 헉헉거리면서 다급한 숨소리를 내뱉고 있었다. 그 소리가 귓전에 스치는 바람에 너무도 안타까워 많은 생각을 하게 되었다. 같은 사람인데 돈이 사람을 편하게 하기도 하고 괴롭히기도 한다. 돈을 떠나서 이렇듯 폐를

끼쳐도 되겠는가. 내 기억에는 어머니 등에 업혀 본 이후 사람에 의존해 내 몸을 이동해 본 적이 처음인 것 같다. 미안하고 죄송했다. 길가에 걸어가는 사람들의 시선도 부끄럽고 창피했다.

보봉호 선착장에는 많은 유람선들이 유람객을 기다리고 있었다. 유람선을 타고 보는 호수만 해도 좋은데 주변에 둘러선 바위산봉우리마다 일색이었다. 이 큰 호수가 인공호수라니 얼마나 많은 인명이 희생 되었을까! 항상 수고한 자들의 노고에 감사한다. 수많은 유람선들이 오고가는 중에도 수경 산경에 취해 '와아~' 소리 내는 객들은 모두 한국 사람들이었다. 가다가 보니 바지선 막사에서 아가씨가 토가족土家族 민속의상을 갖추고 나와서 노래를 부르고 있었다. 내용은 모르겠지만 곡이 흥겹지 않고 쓸쓸하고도 서글프게 들렸다. 조금 더 가니

청년 하나가 나와서 또 노래를 부르는데, 관광객들을 환영한다는 내용이라고 가이드가 설명해주었다.

내려올 때는 다른 길로 내려왔다. 지그재그로 이어지는 손잡이도 없는 가파르고 경사진 계단길을 조심조심 내려왔다. 호수 보러갈 때 입구에서, 큰 산 중턱에서 물이 쏟아지는 곳이 있는데 그것은 바위를 뚫은 인공폭포라고 했다. 내려와서 보니 호수의 물높이가 저 만큼이었구나 하고 고개를 끄덕이게 되었다.

일설에는 대한민국 국민들의 관광수입이 장가계를 먹여 살린다고 한다. 원가계 어느 곳에서 토가족 아가씨가 우리의 익숙한 아리랑과 도라지를 북장단에 맞춰 부르고 있어서 반가웠다. 십년 넘도록 고전무용을 배웠으니 마음 같아선 한 사위 추어보고도 싶었지만 도저히 용기가 없어 못했다. 아바타 촬영지라면서 커다란 날개를 편 새 한 마리를 조형해 놓고 그 앞에서 즉석사진 한 번 찍는데 이천 원을 받고 있었다. 그래서인지 사진을 함부로 못 찍게 해서 카메라 가지고 간 사람들과 옥신각신 시비가 있었다. 그곳에서 잠시 아바타영화가 전개되던 장면을 비교해보았다. 사람들은 걸으면서 시야에 들어오는 풍경마다 우와아! 탄성을 뿜어낸다. 앞에 가던 둘째 여동생이 말했다.

"이렇게 좋은 데를 언니는 왜 안 오려고 했어요?"

"좋은 줄이야 알고 있었지만 체력이 자신 없어 중간에 주저앉으면 다른 사람에게 민폐가 될까봐 그랬지."

그러자 뒤따라오던 남동생이 말을 거들었다.

"아니요, 전혀 무리 없이 잘 가고 있어요. 아무 걱정 마시고 지금처럼만 가시면 됩니다, 누님. 파이팅이에요."

십리화랑

여러 곳을 가긴 갔지만 어디를 먼저 가고 뒤에 갔는지 줄이 세워지지 않는다. 모노레일을 타고 십리화랑을 왕복할 땐 눈을 잠시도 뗄 수가 없었다. 장가계는 조물주가 가장 정성들여 조성한 걸작인 것 같다. 눈 닿는 곳마다 명물 아닌 곳이 없었다. 봉우리마다 붙여놓은 무수한 이름들이 그럴 듯했다.

소달구지를 탄 것처럼 즐겁게 가는데 레일 따라 있는 길에는 많은 사람들이 걸어다녔다. 모두 중국 사람들이었다. 시간이 되면 걸어서 여유 있게 가는 것도 참 좋을 듯했다.

저녁식사 후 호텔에서 발 마사지 받기로 예약이 되어 있던 모양이었다. 많이 걸었기에 피로를 풀어주는 듯 했다. 가이드가 서비스를 받은 후 팁을 이천 원만 주라고 하기에 그대로 주었더니 적다고 입이 쑥 나온 채 돌아갔다. 중국에서는 농사짓는 사람들에게도 교육을 시켜서 부수입으로 생활에 일조가 되도록 하는 모양이었다. 그래서 발 만지는 손들이 거칠었다.

황룡동굴

중국은 모든 스케일이 컸다. 황룡동굴 가는 길에 보니 우리나라 물레방아와는 조금 다른 크고 작은 수차를 수십여 개 시설해 놓은 것이다. 수차들의 톱니바퀴가 맞물린 것으로 보아 하나만 작동하면 모두가 같이 맞물려서 돌아갈 것 같아 보였다. 마치 시계의 톱

니바퀴 같은, 수차들은 동력으로 사용했던 것 같아 보였다. 연 200일 정도는 비가 내린다고 하니 물이 흔하고, 흔한 물을 이용하는 노력의 결과인 것 같았다.

우리나라 동굴도 아기자기한 것이 많다. 일본 구주지방에서도 동굴을 보았지만 우리나라 것보다 훨씬 못했다. 작은 문으로 들어가 본 황룡동굴은 대륙이 커서인지 역시 어마어마하게 컸다. 동굴바닥도 돌 블록인지 정교하게 맞추어놔서 걷기에 아주 좋았다. 얼마를 걷다보니 입이 떡 벌어지는 별천지가 열렸다. 동굴이 갑자기 넓어지면서 너무나 웅장했다. 수많은 기이한 종유석 석순에다 에

메랄드, 자수정, 루비, 산호 등 화려한 보석 빛깔의 조명을

더해 천태만상이었다.

한참을 걸어서 동굴 안 선착장에 도착했다. 20명씩 타는 똑같은 배들이 줄지어 승객을 기다리고 있었다. 여기서부터는 배를 타고 가면서 동굴안 언덕의 종유석과 석순을 구경하는 것이라고 했다. 물 위의 종유석과 화려한 조명이 어우러져서 동화속의 작은 성들같이 느껴졌다. 침침한 바탕 조명을 배경으로 깔면서도 따믄따믄 있는 성에는 집중

적으로 조명을 비추어 휘황찬란했다. 중국은 '원형 지키기'엔 별로 개념이 없는 듯 했다. 가이드가 이미 처음 열었을 때

보다 많이 망가지고 있다고 했다. 천정 보랴 이쪽저쪽 살피랴 분주했다. 배에서 내려 언덕길을 따라 가다보니 가이드가 다리를 건너면 높은 계단이 있어서 가기 힘들 것이라고 했다. 그 말에 나하고 바로 밑의 여동생은 아쉬워하며 타고 간 배로 되돌아 나왔다. 나오면서 산을 쳐다보니, 속은 어이 그리 다 비워 동화속의 이야기들을 가득 담고 있으면서, 멀쩡하게 겉만 산으로 서 있는가 싶었다. 끝까지 갔다 온 동생들이 계단 오르기가 너무 힘들었다면서 안 가길 잘 했다고 했다.

오후, 조금 남은 시간에 전문 마사지 홀로 인도되어 전신 마사지를 받았다. 호텔에서 보다 훨씬 열심히 꼼꼼히 해주었다. 내가 학교 다닐 때 교과서에서 배운 중국 민요 중 '홍화'를 나직하게 불렀더니 우리 일행은 아무도 모르는데, 중국 사람들은 모두 알아듣고 함께 부르며 즐거워했다. 마사지가 끝나고 가이드가 팁을 삼천 원만 주라고 했지만, 공들여 열심히 해주는 것이 고마워서 천 원을 더 줬더니 아주 고마워했다. 아직 세상 물이 덜 든 듯 했다.

마지막 날은 쇼핑 시간이 있어서 제약회사 동인당, 보이

차 가게, 이불가게로 다니며 사라고 권했지만 사는 사람은 별로 없었다.

슬픈 임시정부

귀국하기 위해 공항이 있는 장사로 왔다. 여기에는 우리의 옛 임시정부가 있었다. 초라한 골목 안에 위치한 낡은 건물의 일층에 들어서니 정면에 김구 선생님 흉상이 조국

에서 온 객을 맞았다. 그 앞에서 모두 가슴에 손을 얹고 묵념을 하는데 가슴이 찡했다. 쫓기는 몸에다 생활고는 또 어땠을까. 이층 회의실엔 선생님의 친필들을 전시해 두었는데 실내가 초라했다. 조국에서 보조를 해서 의미있는 역사의 현장이 이렇게 쓸쓸하지 않게 손질을 좀 했으면 하는 바람을 가져본다.

돌아오는 길

"안녕히 잘 다녀가셔서 고맙습니다."

돌아오는 비행장에서 가이드가 내게 그렇게 인사를 했다. 내심 늙은 나 때문에 걱정이 됐던 모양이었다.

내 다리가 고맙다고는 한 번도 느껴보지 못했는데 이번

에는 정말 신기할 만큼 고맙고 장하다 싶었다. 처음으로 나도 스스로에게 칭찬을 해 보았다.

집에 와서 생각해보니 꿈에 다녀온 것만 같다. 어디어디를 갔다 왔는지 차례도 잘 보르겠다. 그래도 광활한 대지의 기를 받아서인지 기분이 좋았다. 팸플릿도 리플릿도 없고 걷기에 분주해서 기록도 제대로 하지 못 했지만 두서없이 적어본다.

육십에도 칠십에도 겁이 나서 못 간 태산을 팔십에 다녀왔으니 조금은 자신이 생긴 것 같다.

2014년 3월

강귀중 시 · 산문집

이팝꽃, 뽀얗게 핀 그리움

2015년 12월 28일 인쇄
2016년 1월 5일 발행

지은이 | 강귀중
펴낸이 | 손희경
펴낸곳 | 책마을
등록제 2013-000021호
신고일 2007년 8월 7일

주소 | 서울시 중구 마른내로6길 32
(인현동2가 186-24) 2F
전화 | (02)2272-9113
팩스 | (02)2263-9725
e-mail | moonin02@hanmail.net

값 13,000원

ISBN 978-89-93329-26-1